Die Seele der Dinge

Wir müssen das Wesen des Psychischen als ein Wesen sui generis an den Anfang stellen.

C. G. Jung

Brigitte Romankiewicz

Die Seele der Dinge

Von Schmetterlingen, Büropflanzen und heiligen Bergen

Patmos Verlag

VERLAGSGRUPPE PATMOS

PATMOS
ESCHBACH
GRÜNEWALD
THORBECKE
SCHWABEN
VER SACRUM

Die Verlagsgruppe
mit Sinn für das Leben

MIX
Papier | Fördert gute Waldnutzung
FSC www.fsc.org FSC® C089473

Die Verlagsgruppe Patmos ist sich ihrer Verantwortung gegenüber unserer Umwelt bewusst. Wir folgen dem Prinzip der Nachhaltigkeit und streben den Einklang von wirtschaftlicher Entwicklung, sozialer Sicherheit und Erhaltung unserer natürlichen Lebensgrundlagen an. Näheres zur Nachhaltigkeitsstrategie der Verlagsgruppe Patmos auf unserer Website www.verlagsgruppe-patmos.de/nachhaltig-gut-leben

Übereinstimmend mit der EU-Verordnung zur allgemeinen Produktsicherheit (GPSR) stellen wir sicher, dass unsere Produkte die Sicherheitsstandards erfüllen. Näheres dazu auf unserer Website www.verlagsgruppe-patmos.de/produktsicherheit.
Bei Fragen zur Produktsicherheit wenden Sie sich bitte an produktsicherheit@verlagsgruppe-patmos.de

Verlagsgruppe Patmos in der Schwabenverlag AG,
Senefelderstr. 12, 73760 Ostfildern
www.patmos.de

Umschlaggestaltung: Finken & Bumiller, Stuttgart
Umschlagabbildung: Natata / shutterstock
Satz: Schwabenverlag AG, Ostfildern
Druck: Beltz Grafische Betriebe GmbH, Bad Langensalza
Hergestellt in Deutschland
ISBN 978-3-8436- 1626-3

Inhalt

Teil I

TEIL II

TEIL III

Teil I

Tiere – seelenlos?

Eines Tages kam unser Sohn, zweite Grundschulklasse, in sonderbar verstörter Gemütsverfassung nach Hause. Dazu befragt, kam heraus, seine Religionslehrerin habe gesagt, Tiere hätten keine Seele.

Keine Seele! Seine Katze Schnurri, die anderen Katzen, die Hunde (damals hatten wir fünf, davon vier junge Wollknäuel), die Spinne, die er in seinem Zimmer heimlich über den Winter gefüttert hatte!

Und nun hatte diese rigide, puritanisch ausgemergelte Person, kurz vor der Pensionierung, damals Rektorin der hiesigen Grundschule, den arglosen Achtjährigen die erleuchtete Weisheit ins Herz senken wollen, Tiere hätten »keine Seele«! Ich schätze, die Frau war um 1920 geboren, vermutlich mit vierzehn in ein Lehrerinnenseminar gekommen, wo man zur Nazizeit allerhand Strammes lernte, und später hatte sie ihr Leben lang in der Schule alles unterrichtet, was eben anfiel: Heimatkunde, Rechnen, Lesen, Schreiben, Singen und Turnen – und halt auch Religion. Und das weitergegeben, was man als Protestant ja selbst für »wahr« hielt.

Nicht nur der Heilige Franz (1182–1226, um Gottes willen, katholisch!) würde sich darob im Grabe umdrehen, sondern viele, viele andere tiefblickende Christen vor ihm auch.

Aber als »aufgeklärter« Protestant musste man solchem »animistischen« Aberglauben Riegel vorschieben.

Heute würde man wohl gleich in die Schule stürmen und die Dame zur Rede stellen. Ich dachte damals eher an die so entstehenden Fronten und den Zwiespalt für das Kind, ließ es also bleiben und sagte, dass auch Lehrer bisweilen Blödsinn erzählen, er solle den Mist vergessen. Aber eine Mordswut hatten wir beide, mein Mann und ich.

Und wenn ich die Sache aus heutiger Sicht betrachte, mehr als vierzig Jahre später, und sehe, in welcher Seelenlosigkeit heute nicht nur »Tierindustrie« betrieben wird, finde ich das Ganze noch wesentlich alarmierender als damals. Denn bei wieviel Hunderten von Schülern, die diese Lehrerin im Lauf ihres langen Lehrerlebens mit ihrer Tier-Seelenlosigkeit indoktriniert hat, mag sich diese Einstellung verfestigt haben? Zwar ist hier aus unserem Viertel mit Sicherheit keiner Bauer oder Metzger geworden, aber es gibt Schlimmeres, der Tierseele noch viel weiter Entfremdetes. Und es war ja bestimmt nicht nur diese *eine* Person, die solche Doktrinen weitergegeben hat, die dem Menschen erlauben, nicht nur Tiere, sondern *alles* Natürliche als ausbeutbare Verfügungsmasse zu betrachten – wir sehen es täglich am Zustand der Welt!

Oh Gott, oh Allah (der bekanntlich Tiere besonders liebte), oh Maria, hilf! Unseren Tieren, Mitgeschöpfen des Anfangs, wird der sie belebende Hauch des Schöpferworts abgesprochen!

Wissen die Verkünder dieser Botschaft eigentlich, was sie da sagen? Offensichtlich nicht. Dabei haben viele von ihnen immerhin einmal Englisch gelernt, wo »Tiere« »animals« heißen. Und falls sie wenigstens von Zeit zu Zeit ihren Kopf zum Nachdenken, nicht nur Nachschwatzen gebraucht hätten, hätten sie darin ein Wörtchen aus dem Lateinischen gefunden, das sehr eindeutig diese Tierwesen als *beseelt* ausweist. Dieses Wörtchen lautet *»anima«,* und bedeutet nicht nur Atem- und Lebenshauch, sondern vor allem *Seele* und das dadurch Belebte! Dass also ein atmendes *animal* ein beseeltes Lebewesen sein muss, wird selbst eine stockprotestantische Grundschulrektorin nicht bezweifeln können, vorausgesetzt, sie leugnet nicht auch noch, dass Vögel fliegen, Hunde bellen, Katzen kratzen können und eine persönliche Beziehung zu Menschen aufbauen. Hätte man ihr damals einfach einmal ein lateinisches Schulwörterbuch kaufen sollen und sie bitten, nach altgewohnter Lehrerpraxis das *»Wortfeld ‚anima'«* zu studieren? Oder wenigstens für vier Wochen einen Goldhamster zur Betreuung geben?

Denn *jeder,* der einmal eine Zeit lang in persönlichem, pflegendem Kontakt war mit einem Tier, wird erlebt haben, wie sich – je länger, je mehr – ein seelisches Resonanzfeld aufbaute, auch wenn er keine Jane Goodall ist!

Wie er das dann allerdings *benennt,* steht auf einem anderen Blatt.

»Seele«? Was ist denn das überhaupt?

Denn so einfach ist das heute wohl nicht mit dem, was man jahrhundertelang »Seele« nannte. Das wurde mir erst vor Kurzem so richtig bewusst. Ich hatte nämlich gerade ein Buch geschrieben mit dem Haupttitel »Die bedrohte Seele«. Es geht darin um die zunehmende Gewalt und abnehmende Einfühlung und wie sich das momentan bedrohlich in allen sichtbaren, aber kaum wahrgenommenen Bereichen zeigt, und ich hatte versucht, möglichen Ursachen auf allgemein kollektiver, gesellschaftlicher und individueller Ebene nachzugehen.

Zum Feiern des festlichen Anlasses und einer Art »Mini-Lesung« hatte ich einige Freunde eingeladen, die ohnehin ein Buch bekommen sollten und hoffte auf eine lebendige Resonanz. Doch schon mit der ersten Frage hatte ich absolut nicht gerechnet, denn alle waren mit der kulturellen Tradition, in der wir uns bewegen, wohl vertraut. Und nun kam sie ausgerechnet von einem Freund, nicht nur selbst Künstler, in einer kirchlichen Kunstjury engagiert, sondern – wie ich selbst – Abkomme einer Missionarsfamilie (und in mir wohlbekannter Auseinandersetzung damit), der unvermittelt fragte: *»Und was ist das eigentlich, ‚Seele'? Was sollen deine Leser damit anfangen?«*

Ich war platt. Wäre ich geistesgegenwärtig gewesen, hätte ich gesagt: »Und das fragst *du*? Na gut, dann lass uns doch alle mal über unsere ‚Seelen'-Vorstellung nachdenken!« Aber so weit kam ich nicht. Ich spürte die unvermutete Provokation, was mein Hirn augenblicklich blockiert. Und spürte *auch* eine gewisse Berechtigung in der Frage. Denn tatsächlich ist das, was da in diesem Wortgewand als feststehender

Begriff daherkommt, so diffus und wenig festnagelbar wie eine Etage höher die Rede von »Gott«.

Ja, also was ist denn nun »Seele«? Darüber sind sich nicht einmal die theologischen Dogmatiker einig, geschweige denn die Psychologen, die sich doch ausweislich mit der Reparatur der Psyche, deutsch »Seele« befassen – was früher einmal die Aufgabe von »Seelsorgern«, also Pfarrern war.

Aber die Seele ist ungreifbar, beweglich und flüchtig, unstet wie ein Lufthauch und womöglich gar launisch, wie wir sehr häufig an unseren eigenen »Seelenzuständen« merken. Ihr Element scheint das Unbegrenzbare, das Schweben darin – nicht umsonst stellten sie die Griechen mit Schmetterlingsflügeln dar.

Nun da ich nun einmal für meine Buchtitel verantwortlich bin und für meine eigene Seele und vermutlich unsichtbar mit noch einigen anderen Seelen verbunden bin (auch denen derer, die »Seele« für etwas Unzeitgemäßes halten), hat mich die Frage nicht losgelassen.

Und das Nachdenken darüber auch nicht, da ich im Innersten überzeugt bin, dass »Seele« nicht nur ein Privileg frommer oder sich fromm glaubender Menschen ist (wie die Geschichte von den Tierseelen am Anfang zeigt). Und auch keine »Sache«, die man den Psychotherapeuten überlassen sollte.

Und so will ich dem Leser an dieser Stelle ein paar Gedanken darüber zumuten.

Meine animierende Seelengesellschaft

Meine Seelenbezüge sind nämlich allgegenwärtig. So bin ich etwa schon beim Schreiben niemals allein. Denn am oberen Rand meines Schreibtischs versammelt sich immer neu eine Reihe von inspirierenden »Seelenfreunden«. Irgendwie kommen sie zusammen, je nach dem Themenfeld, das mich gerade bewegt: zufällige Fundstücke, Dinge, die geheimnisvolle Assoziationen in mir wecken. Manche behaupten schon lange ihren Platz, weil ihr Bedeutungsgrund für mich unerschöpflich ist, einige waren lange irgendwo versteckt und tauchen wieder auf, andere gesellen sich eine Zeit lang dazu und wollen dann wieder zurück auf ihren gewohnten Platz. Und zu jedem einzelnen »Seelenträger« habe ich eine besondere Beziehung und er zu mir.

Und wie ich sie so vor mir sehe, mit ihnen lebe und schreibe, sie in mein Schreiben einbeziehe, bilden sie trotz aller Unterschiedlichkeit auch eine Art Seelengemeinschaft untereinander und zusammen mit mir: Ein »Feld«, von dem der Naturforscher und Philosoph Rupert Sheldrake sagt: *»Es gehört zum Wesen eines Feldes, dass es die Dinge, auf die es einwirkt, zusammenfasst und sich zu ihnen in Beziehung setzt.«*

Diese Intuition Sheldrakes von zusammenfassenden und ausstrahlenden, letztlich unbegrenzbar ineinander übergehenden »Feldern« wird in den verschiedensten Wissenschaften kontrovers diskutiert. Aber mir scheint sie eine gute Metapher für Wirkzusammenhänge, die wir eben *nicht* mit einem einzigen Begriff »be-greifen«, nach käfersammelnder Art handhabbar machen können.

Ist es das, was dem präzisierungsversessenen Bemächtigungsdenken unserer Zeit solche Schwierigkeiten macht, dass man eine altehrwürdige Imagination wie »Seele« nicht mehr in all ihrer kaleidoskopischen Fülle hinnehmen mag? Ihren unentwegt und unwiederholbaren sich neu bildenden »Resonanzfeldern«?

Für mich jedenfalls wird an meiner kleinen, veränderlichen Schreibtischgesellschaft bildhaft spürbar, wie ich selber und meine kreuz und quer laufenden Assoziationen hin und her in aller Vielheit zusammen Bezugsfelder bilden, etwas irgendwie seelisch Zusammenhängendes mit nicht klar abgrenzbaren, aber erfahrungsgemäß erweiterbaren Rändern. Jedes der Dinge hat ja auch noch ein eigenes Bedeutungsfeld, eine eigene symbolische Lebendigkeit, unbestimmt und unergründlich, aber mit anderem zusammenklingend. Und eben auch mit mir, weshalb sie eine Art Spiegel dessen sind, was meine Seele derzeit bewegt und belebt – beweglich, veränderlich, inspirierend (wörtlich: ein-hauchend) wie der »animierende« (ebenfalls einhauchende, belebende, beseelende) Hauch des Schöpfungsbeginns, in dem emotionale und geistige Lebenskraft in alles einströmt, was in Erscheinung tritt.

Wer dazu passende Bibelstellen sucht, findet sie in Joh 2,3 und Kol 1,12–23 und vielen anderen psychologischen, philosophischen, wissenschaftlichen Büchern. Und natürlich bei dem genialen Arzt und Seelenforscher C. G. Jung, der sich ein Leben lang für ein neues Verständnis dessen, was unter dem Namen Seele ins Unverständnis gefallen war, kämpfte.

Ich aber stelle jetzt endlich die Personen meiner Schreibtischgesellschaft vor. »Personen«? Ja, sie sind für mich tatsächliche »Personen«, denn durch sie tönt etwas hindurch, das man nicht auf den ersten Blick sieht (»Person« kommt von lat. *per-sonare,* hindurchtönen).

Seit Jahren standhaft ihren Platz verteidigend: Eine bronzene Siegelfigur in Gestalt der Hoffnung mit Früchtekorb und eine kleine Nachbildung der Schwarzen Madonna von Altötting. Ein grüner Jade-Elefant, der hier sowohl das Tierwie das Mineralienreich vertritt, und zudem noch eine Fantasy-Welt, in der ich ihn einst die Rolle des Seelenführers spielen ließ. Dann ein kleiner Malachit-Steinbrocken mit Azurit-Einsprengseln aus Neubulach im Schwarzwald, wo wir einst mit den Kindern im Bergwerk waren und der mich durch seine urtümlich mineralische Vielfarbigkeit faszinierte. Dann ein indisches Messingkästchen mit vielen Geheimnissen. An seiner rechten Seite das durchsichtige »Gerüst« einer Mohnkapsel aus meinem Garten, jetzt wie eine orientalische Kuppel aus Spitze, und eine für mich besonders bedeutsame Kostbarkeit: eine rötliche Blüte aus den Kelchblättern einer Granatapfelblüte, die ich 2010 von Nord nach Süd durch ganz Syrien am Leben halten konnte. Und den Schluss bildet ein ursprünglich ganz kommuner Schotterstein, in dem ich auf drei Bruchseiten drei grundverschiedene »Berggeistergesichter« entdeckte und mit bunten Farben herausarbeitete.

Alle Zusammengehörigen sind für mich wie ein kleines Bild aus der uferlosen Vielgestalt der »Seele der Welt«, des Hauchs, der im anfänglichen »Wort« (Joh 1,1) Gestaltkraft wurde. Des Atems, der alles belebt und verbindet, und niemals als »Privatseele« vom Menschen allein für sich reklamiert werden kann, sondern alles schafft und durchdringt.

Und somit protestiere ich nochmals energisch gegen Religionslehrerinnen, die Tieren die Seele absprechen. Darum werde ich mich gleich zu Anfang den Tieren der biblischen Geschichten zuwenden. Im Folgenden aber noch weit darüber hinausgehen!

Denn immer und überall hat es Menschen gegeben (und gibt es noch), die scheinbar Unbeseeltes belebt geschaut und erfahren haben. Die davon gesprochen, erzählt haben: Sind etwa nicht die Mythen, Sagen, Legenden und Märchen der Welt voll von hilfreichen, sprechenden Tieren, in Dinge gebannten Seelen, »magischen« Pflanzen und Steinen, prophetisch rauschenden Orakelbäumen, sprechenden Quellen an seelenbelebenen Orten? Alles »Aberglaube«, der nichts mit der »wahren Religion« zu tun hat? Dann wenden wir uns doch erst einmal den Tieren unserer traditionell überlieferten religiösen Bild- und Geschichtenwelt zu!

Was haben Ochs und Esel in der Weihnachtsgeschichte zu suchen?

Ist Ihnen zum Beispiel schon einmal aufgefallen, dass in unzähligen Weihnachtsdarstellungen vergangener Zeiten (und auch »modernen«) Ochs und Esel dem, das da »Neues geboren wird«, dem Kind, am nächsten sind, am neugierigsten, freudigsten und gefühlvollsten zugewandt?

Bei Joseph und Maria habe ich manchmal das Gefühl: Irgendwie »fremdeln« sie emotional ein wenig damit, sie verhalten sich zwar, wie es die »Heiligkeit« der Situation vermutlich verlangt (wobei Joseph oft eher überfordert wirkt), aber eine natürliche Freude und Zuwendung zu dem Winzling ist ihnen nicht recht möglich, eher eine Scheu davor. Gewiss gibt es da große Unterschiede, auch je nach Epoche und Gegend der Darstellungen. Aber es fällt doch auf, dass es fast überall eigentlich die *Tiere* im Stall, Ochs und Esel sind, die dem Kind sogar räumlich am nächsten sind und von einer elementaren Freude, einem Staunen, einem unverstelltem, echt »natürlichen«, kreatürlichen Interesse kindlich beseelt sind.

Ja wirklich, es gibt solche, die sogar lächeln! Und sie halten ihre Nasen hinein in die Krippe oder wo das Neugeborene sonst liegen mag, sodass das Kind ihre unmittelbare Nähe und ihren warmen Atem (ihren »Seelenhauch«) spüren kann! Manchmal bilden sie mit dem Kind gar eine eigene Gruppe und zeigen eine solche »animalisch« spontane Verbundenheit, dass mir bisweilen der Gedanke kommt: Diese beiden Naturwesen sind die Einzigen, die instinktiv und intuitiv erfassen, was die Stunde geschlagen hat! Etwas Seelenverwandtes ist da urlebendig in die Welt gekommen, auch ihnen zu Freude und Freiheit – und sie sind diejenigen, die das am direktesten spüren, sind die »Kreatur«, der sich das Mysterium zuallererst offenbart (Röm 8,19)!

Falls Sie keine Postkartensammlung haben, genügen sicher ein paar Klicks im Internet, um da genauer hinzuschauen. Oder gehen Sie in eine Krippenausstellung: Sie werden kaum eine finden ohne Ochs und Esel als Hauptpersonen, auch wenn natürlich später die Schafe mit ihren Hirten dazukommen. Auch bei meiner ererbten Krippe, die eine mit meiner Mutter befreundete Künstlerin geschnitzt hat, sind mir die vielen Tiere das Liebste – selbst unser damaliger Hund, ein schwarzer Spaniel, ist da verewigt, und ich habe später noch eine Katze gemacht und dazugestellt, auch wenn diese zwei ganz bestimmt im Lukasevangelium nicht vorkommen. Aber auch von Ochs und Esel hat uns Lukas nichts erzählt.

Was haben die überhaupt da zu suchen, gar in dieser »Seelenpräsenz«? Ich schaue hinüber zu meinem grünen Jade-Elefanten, mit dem ich schon viele Gespräche geführt habe. Mir scheint, er lacht in sich hinein. Natürlich! Da wo er herkommt, gelten ja gerade die Rindviecher als besonders beseelt, ja sogar heilig! Und gar nicht so weit weg davon (im Mythengemisch der Religionen spielen messbare Entfernungen genauso wenig eine Rolle, wie in den Archetypen der menschlichen Seele) sehen wir das Nicht-mehr-Kind Jesus am Palmsonntag auf einer *Eselin* nach Jerusalem einziehen. Welche Würde wird ihr da zuteil! Und da Künstler von jeher für solche verborgenen Zusammenhänge besondere Antennen hatte, lebte in ihnen offenbar das seelische Bedürfnis, diese Tiere in ihre durchaus »offiziellen« Darstellungen hineinzunehmen. Immerhin findet man sie genannt an einer Stelle in einem apokryphen (d. h. nicht offiziell abgesegneten) »Pseudo-Matthäus-Evangelium«, das erst um 600 n. Chr. entstanden ist – während man das Lukasevangelium auf die Zeit zwischen 80 und 90 n. Chr. datiert.

Da staunt man und fragt sich natürlich: Und wie kam besagter Geschichtenerzähler, den man nun »Pseudo-Matthäus« getauft hat, dazu, plötzlich auch Ochs und Esel für wichtig zu halten? Ein halbes Jahrtausend später? Und die Volksseele fand das so stimmig, dass diese Tiere fortan fraglos ganz vorne auf der Weihnachtsbühne mitspielen durften? Möglich ist, dass dieser psychologisch sensible Matthäus sie in einer Prophezeiung des alttestamentarischen Propheten Jesaia (740–701 v. Chr.) gefunden hat (Jes 1,3). Und eine nicht ganz neue theologische Absicht könnte sein: Was wir »Neues Testament« nennen, ist die Fortsetzung des »Alten Testaments« (in der die göttliche Weisheit noch *alles* Irdische beseelt, wie der Alttestamentler Gerhard von Rad in seiner »Weisheit« in Israel herausarbeitet Also auch die auch die Tiere!) Vielleicht aber knüpfen Ochs und Esel auch an die schlichte lebensweltliche Vorstellung an, dass gerade bei der betont »niedrigen« Geburt des unheldischen Helden im »Stall« zu Bethlehem eben Tiere gewesen sein *müssen.* Sie sind diejenigen, die das Wunder instinktiv erkennen – im Gegensatz zu den unnatürlich gewordenen Menschen!

Irgendwelche Gegenstimmen?

Dann mögen Sie bedenken, dass Tiere (*animals)* auch innerseelisch, etwa in unseren Träumen, Repräsentanten der beseelten Natur sind. Repräsentanten unserer unterschätzten Instinkte und der All-Seele, unserer eigenen unüberformten (Kinder-)Seele (*anima)* nahe, in der stets alles Leben und Erleben neu beginnt – wenn wir ihm die Chance geben.

Nun, ihr gestrengen Religionslehrer mit euren festgeklemmten Schubladen – wie findet ihr das? Womöglich müsst ihr irgendwann doch noch zugeben, dass selbst in biblischen Geschichten Tiere nicht *seelenlos* imaginiert werden, sondern sogar als besonders bedeutsame *Seelenträger?*

Dass Symbolforscher die Präsenz von Ochs und Esel auf Bildern der Weihnachtsgeschichte auch als Zeichen dafür sehen, dass durch die Geburt Christi zugleich der alte Gegensatz zwischen Judentum (Symboltier Esel) und altorientalischen Religionen (Symboltier Stier) versöhnt gezeigt werden soll, können wir hier einmal beiseitelassen.

Wir gehen weiter der Fragen nach, ob wir auch an anderer Stelle der Bibel Beispiele dafür zu finden sind, dass Tiere eine Seele haben – und dass diese Seele sensibler und weiser ist als unsere klugen Menschenköpfe. In welch hohem Maß ihre Seele der beschränkten Sicht des Menschen auch hinsichtlich spiritueller Wahrnehmung überlegen sein kann, zeigt nämlich auch noch eine andere, diesmal »kanonische« (also offiziell anerkannte) Tiergeschichte aus dem 4. Buch Mose (Numeri), die ich erzählen will.

Die sprechende Eselin, die mehr sah als ihr Reiter

Wir Menschen sind ja so wahnsinnig gescheit geworden, dass wir vor lauter Einbildung auf die Unfehlbarkeit unseres Verstands schon längst blind sind für unsere kluge Dummheit und Instinktlosigkeit. Wer hat noch nicht Situationen erlebt, in denen wir uns gegen jedes warnende Gefühl zu einem Entschluss durchgerungen hatten, mit dem wir innerlich (d. h. mit ganzer Seele) nicht recht einverstanden waren? Aber wir taten's dann trotzdem und verrannten uns – was zurzeit geradezu zu einer kollektiven Epidemie geworden zu sein scheint Mit möglicherweise bedenklichem Ausgang.

Im 4. Buch Mose, Kapitel 22ff, wird eine dramatische und anschauliche Geschichte erzählt, die uns zur Warnung dienen könnte – jedenfalls vielleicht die Augen ein wenig öffnen. Die Geschichte handelt von Bileam, einem hochgeschätzten Weisen, den sein Fürst schicken wollte, um die Israeliten, von denen der Häuptling sich bedroht fühlte, zu »verfluchen«. Bileam der Weise erkannte sehr wohl, dass das falsch war, brachte viele kluge Einwände, aber es nützte alles nichts. Der Fürst hatte sich das nun einmal in den Kopf gesetzt. Schließlich machte Bileam sich gegen alle inneren seelischen Widerstände mit seiner treuen Eselin auf, um dem Auftrag nachzukommen.

Plötzlich aber wich das Tier vom Weg ab, auf einen Pfad dicht an den Weinbergen. Bileam aber verstand nicht, denn er hatte nicht gesehen, was seine Eselin sah, und schlug das treue Tier. Doch da drängte sie sich auch noch so eng an die Mauer, dass ihm dabei das Bein eingeklemmt wurde.

Verständlicherweise missfiel das Bileam, aber er sah immer noch keinen Grund für ihr Verhalten und ließ sich verärgert hinreißen, sie ein zweites Mal zu schlagen. Schließlich konnte das Tier an einer engen Stelle zwischen den Mauern überhaupt nicht mehr weiter und fiel auf die Knie. Der instinkt- und seelenblinde Bileam aber verstand immer weniger und schlug sie ein drittes Mal. Da fing die Eselin an zu sprechen und sagte: »Was habe ich getan, dass du mich schlägst? War ich dir nicht immer treu und gehorsam?« Bileam antwortete wütend: »Du treibst Mutwillen mit mir! Hätte ich ein Schwert, ich würde dich töten!« Da öffnete Gott Bileam Seele und Augen, sodass er endlich sehen konnte, dass groß und mächtig »der Engel des Herrn« mit bloßem Schwert vor ihnen stand und er erschrak zutiefst und fiel selbst vor ihm nieder.

Der Engel aber sprach: »Warum hast du deine Eselin dreimal geschlagen? Dein Weg ist verkehrt, und die Eselin hat mich gesehen und ist mir dreimal ausgewichen. Wenn sie das nicht getan hätte, hätte ich dich getötet. Die Eselin aber hätte ich am Leben gelassen.« Da begriff Bileam endlich, dass Gott selbst in der Gestalt des Engels vor ihm stand. Seine Willensfixierung aber hatte seine Seele, seine weisheitsvolle Imaginationskraft blind für diese Wahrnehmung gemacht. Die Eselin dagegen, deren schlichte Tierseele offen war für das, was ein Mensch in seiner Entfremdung nicht mehr schauen kann, hatte ihm das Leben gerettet!

Schon bei Ochs und Esel an der Krippe des göttlichen Kindes haben wir gesehen, dass über unsere überformten Sichtweisen hinaus die Seele der Tiere der ursprünglichen Wirklichkeit, die alles durchdringt, noch viel näher ist, als unser beschränktes Überlegenheitsgefühl das bisher wahrhaben will.

Und gerade das Christentum hat sein Möglichstes getan, um sich von dem »primitiven Animismus« der Völker, die der Weisheit der Natur noch folgen, zu verunglimpfen und zu bekämpfen. Doch diese im wahrsten Sinn »ursprüngliche« Weisheit, die in den meisten von uns verschüttet wurde, ist auch in den jüdisch-christlichen heiligen Schriften, ihrem nicht-offiziellen Legendenschatz und ihrer Volkskunst noch zu finden. Und keiner, der bereit ist, ihre Botschaft mit Herz und Seele aufzunehmen, wird dann noch behaupten können, Tiere hätten keine Seele. Denn was wir »Seele« nennen, die in einem uferlosen Resonanzfeld mit allen Erscheinungen des Kosmos verbunden ist, war lange da, bevor unser kleiner Verstand sich so groß und wichtig machte.

Genug der biblischen Beispiele. Wer lässt sich schon dadurch wirklich zum Nachdenken bringen? Oder gar durch die Märchenwelt, die überquillt von mächtigen, fühlenden, sprechenden Tierwesen? »Der Fischer und sine Fru« aus der Sammlung der Brüder Grimm fällt mir als Erstes ein – wer hat es noch präsent? Falls sie es nicht kennen sollten – schleunigst lesen! Sie finden darin alles, was uns derzeit in die Falle lockt!

Ich jedoch kehre für's Erste zurück zum »ganz normalen« Alltag. Bleibe in der »profanen« Nähe, wo wir überall staunenswertem Tierseelenleben begegnen können!

Tiere in meiner Nähe

Von den Vierbeinern die bei uns mitleben, habe ich schon gesprochen, und ich glaube, jeder, der ein Haustier hat, weiß um seine sensiblen »Antennen« und die wohltuende Atmosphäre, mit der es uns beleben kann. Doch nicht jeder kann sich solchen »Seelenluxus« leisten – und doch finden sich erstaunlicherweise selbst mitten in der Stadt Wesen, die uns kindlich beglücken.

So ist etwa das Erste, was ich frühmorgens – die Augen noch geschlossen – im Frühling über den Stadtlärm hinaus höre, Amselgesang in den Kiefernzweigen über meinem offenen Fenster. Kann man charmanter, seelenvoller vom Traum in den Tag geführt werden?

Seit unvordenklichen Zeiten gelten Vögel als Symbole der Seele. Der singenden, schwingenden, über alle Grenzen hin beweglichen Seele. Und auch des Geistes, was manchmal schwer zu unterscheiden ist. So etwa in Ägypten, wo die belebenden Geist- und Seelenkräfte »Ka« und »Ba« in Vogelgestalt erscheinen. Ich kann mir den feinen Unterschied nie merken, weiß nur, dass beim Tod eines Menschen sein »Ka« als Seelenvogel seinen Körper verlässt.

»Meine« Amsel höre ich jedoch als lebendiger Mensch, und ihr morgendlicher Gesang belebt und begeistert meine Seele und bereitet mich aufs Aufstehen vor, auch wenn ich noch gerne in ihren Träumen geblieben wäre ... Und so würde ich behaupten, auch ganz ohne mythologische Weisheiten, dass eine innige und lebendige Verbindung zwischen meiner menschlichen Seele und dem beneidenswert frei beweglichen und sangesfrohen Vogel besteht. Würde ich mich nicht gern ebenso leicht und beweglich und sangesfreudig durch die Lüfte schwingen können? Und auch wenn ich heute nicht mehr so singen kann wie in jungen Jahren, so singt doch immer noch etwas den ganzen Tag über in mir.

Ich erinnere mich, dass ich – vielleicht mit siebzehn – ein Gedichtchen schrieb, das so begann: »Es ist etwas in mir, das immer singen möchte ...«

Was anderes hätte das sein können als meine Seele?

Und so ist auch heute noch eines meiner Lieblingslieder ein Choral von Paul Gerhardt: »Du meine Seele singe, wohlauf und singe schön ...«. Die Melodie dazu komponierte ein Freund Paul Gerhardts, Hans Georg Ebeling, und sie schwingt sich wirklich auf wie Lerchengesang. Ich brauche nur daran zu denken, und schon habe ich für den Rest des Tages diesen Jubel als Ohrwurm ...

Ohne Weiteres Konkurrenz machen kann diesem Lied allerdings Händels »Meine Seele hört im Sehen« aus den »Deutschen Arien«. Denn hat mich die Natur nicht mit inneren und äußeren Seelenaugen ausgestattet, sodass mir auch mein blühender Garten zusingt, wenn ich aus dem Fenster schaue? Samt seinen durch Bäume und Sträucher huschenden Vögel: Wunderbar, wie sie sich auf den höchsten Baumspitzen niederlassen können, nie Angst vor dem Fallen haben müssen! Sie können ja einfach die Flügel ausbreiten und davonschweben – leicht wie ein Seelenhauch. So spiegeln sie unsere Seele selbst. Nicht von ungefähr hat Joseph von Eichendorff dichten können: »... und meine Seele spannte weit ihre Flügel aus / flog durch die stillen Lande, als flöge sie nach Haus ...«

Genug des Schwelgens: Schon immer haben religiöse Menschen, Dichter und Musiker gewusst: Lufthauch, schwingender Atem, Seele und Vögel gehören zusammen in ein gemeinsames Resonanzfeld. Und darum hat zwar der

Heilige Franziskus (1182–1226) den Vögeln zuerst gepredigt, aber mit ihnen dann auch *allen* Tieren Er hat sie gar seine Brüder und Schwestern genannt, die mit zur »göttlichen Familie« gehören.

Immer mehr Zeitgenossen, wie etwa Alexandra Röhl mit ihrer anrührenden Erzählung ihrer Erlebnisse mit einem Rotkehlchen, haben durch einen intensiven Seelenbezug zu einem Vogel oder anderen Tieren gelernt, die Sprache ihrer Tiere zu verstehen und mit ihnen zu »reden«. Auch meine Katzen, diese einst misstrauischen Wildlinge, verstehen sehr genau, wenn ich ihnen erkläre, warum wir ab und zu wegmüssen und dass wir bald wiederkommen. Ohne Verbindung unserer Seelen wäre das nicht möglich. Zahllose Geschichten aus allen Zeiten und Kulturen, erzählen davon, ob wir nun beim Esel Bileams anfangen oder ob es uns in eigenen Erfahrungen deutlich geworden ist.

Oft dauert es lange, bis sich eine solche Beziehung aufbaut, wie ich aus eigener Erfahrung weiß, denn mein Mann und ich kümmern sich schon lange um herrenlose Katzen.

Eines Tages wartete nun ein sichtlich alter, scheuer und kranker Kater tagelang unten im Garten auf Futter. Aber wenn man sich ihm näherte, um etwas zu bringen, flüchtete er. Eine lange Zeit aufreibender Bemühungen begann, in der er mich zu den absurdesten und lächerlichsten akrobatischen Manövern zwang – und trotzdem kaum etwas fraß. Immerhin kam er allmählich näher ans Haus und schließlich gelang es, den alten Streuner zu überlisten: Ich hatte einen mobilen Tierarztdienst gefunden, und nach einer schrecklichen Zitterpartie ließ er sich tatsächlich greifen, wurde narkotisiert, untersucht: Krebsgeschwulst im Hals. Cortison, wenig Hoffnung – und: neues Misstrauen. Trotzdem kurze Besserung – und die seelische Bindung wurde immer stärker. Er fraß, auch wenn weiterhin mühsame Fress-Verführungskünste nötig waren. Dann wieder ein Einbruch. Und nach einem diesmal für alle traumatischen Arztbesuch – Kater fort, verschwunden. Schreckliche Wochen für uns, da weit und breit nur Wald und verlassene Gärten. Ich sah das Tier ständig irgendwo qualvoll sterbend in irgendeinem Gebüsch oder verfallenen Schuppen, quälte mich mit.

Dann das Wunder: Nach unwahrscheinlichen sieben (!) Wochen sitzt dieses Tier mit den anderen wieder erwartungsvoll vor der Tür – und frisst, frisst, frisst! Fühlt sich plötzlich zugehörig – und das bis heute! Anfassen lässt er sich immer noch nicht, aber wir reden miteinander.

Was hat ihn geheilt? Liebe, sagt eine Bekannte. Ja, vielleicht schon, aber ein großes Wort. Ich sage vorsichtiger: Seelenbeziehung ... Und es scheint immer mehr Menschen zu geben, deren Seelen »im Sehen hören«. Deren Seelen Beziehung aufbauen zu Tieren, auch wo viel Mühe nötig ist. Ein Weg, Wunder zu erleben!

Nun, werden Sie sagen, bei Vierbeinern und Vögeln ist das möglich. Auch Forscherinnen wie Jane Goodall, die 30 Jahre mit wild lebenden Schimpansen lebte, bestätigen das. Aber wie sieht es aus mit dem Gewürm, mit »niederen Tieren«, Schnecken zum Beispiel, oder gar Insekten? Das geht doch nicht! Wer weiß – warum nicht?

Noch mehr Tiere in der Nähe

Hat eigentlich schon einmal jemand daran gedacht, dass nur der Mensch aus dem Paradies verwiesen wurde, die Tiere aber nicht? Gut, die Schlange kam mit. Aber ausdrücklich hinausgeworfen wurde sie meines Wissens nicht. Genauso wenig wie die Schnecken, welche die meisten Gartenbesitzer mit Abscheu verfolgen. Zugegeben: Auch ich mag es nicht, wenn sie etwa unsere sorgsam gehegte Türkenbundlilie schmackhaft finden. Und Basilikum ziehe ich schon gar nicht mehr, weil ich weiß, binnen kurzem zieht dieses Kraut mit dem königlichen Namen so viel Verehrerinnen an, die seine Königskraft verinnerlichen wollen, dass nichts mehr von ihr übrig ist.

Und doch: Haben Sie nicht auch schon irgendwo ein leeres Schneckenhaus gefunden, ein »gewöhnliches« Weinbergschneckenhaus, oder eines von den entzückenden kleinen, gelb schattierten oder auf verschiedenste Art spiralig bebänderten? Und hatten vielleicht danach Hemmungen, eine lebende Trägerin, Werkmeisterin eines solchen Wunders einfach zu vernichten? Oder eine Schnecke beobachtet, in welch atemberaubender Geschwindigkeit sie sich gleichsam unmerklich auf etwas zubewegt, was für sie offensichtlich eine besondere 5-Sterne Mahlzeit bedeutet? (Basilikum etwa ...) Oder haben Sie vielleicht sogar schon einmal eine Schnecke, eine ganz normale, rote Nacktschnecke gefüttert? Ich tue das im Sommer, wenn ich sehe, wie sich eine langsam an die Reste in den Futterschüsseln für die Katzen heranschleicht. Dann lege ich ein Bröckchen davon vor sie hin (schon, weil ich nicht will, dass sie in die Schüssel hineinkriecht und ich Mühe habe, den zähen Schleim wieder wegzukriegen ...) Haben Sie's auch schon versucht? Das Zuschauen ist ein Erlebnis!

Auf jeden Fall sollten Sie unbedingt das Büchlein von Elisabeth Tova Bailey lesen mit dem fast barocken Titel: *»Das Geräusch einer Schnecke beim Essen«*. Dort erzählt die Journalistin, eine hingebungsvoll und genau beobachtende Naturliebhaberin, wie sie auf einer Europareise von einem rätselhaften Virus befallen worden war, der ihr Vegetativum so sehr schädigte, dass sie monatelang nahezu bewegungsunfähig ans Bett gefesselt war: trotz bester ärztlicher Bemühungen und Betreuung ohne Aussicht auf Heilung. Bei sich zu Hause hatte sie mit ihrem Hund in einem liebevoll renovierten Bauernhaus aus dem frühen 19. Jahrhundert gelebt, naturnah an Wald und Wiesen – jetzt lag sie deprimiert in einem klinisch sterilen »Studio«, nur weiße Wände um sich. Da sie sich nicht einmal aufrichten konnte, war selbst ein Blick zum Fenster hinaus unmöglich. Buchstäblich eine trostlose Lage.

Da brachte ihr eines Tages eine Freundin einen Blumentopf mit den geliebten Veilchen aus »ihrem« Wald, in das sie eine kleine, unauffällige Waldschnecke hineingesetzt hatte. Nie zuvor hatte sich die ansonsten hochsensible Naturbeobachterin mit solch kleinen, »gewöhnlichen« Schnecken befasst und war zunächst etwas ratlos. Doch die Schnecke schien von dem Ortswechsel unbeeindruckt, und bald schon war die Kranke fasziniert von ihrem Verhalten, ihren Gewohnheiten und ihrer offensichtlichen, differenzierenden Neugier und Souveränität, mit der sie auf die neue Situation reagierte. Plötzlich hatte sie da in ihrer Nähe eine lebendige »animalische« (!) Gefährtin, die sie selbst belebte, und ihr zugleich in ihrer schlichten, aber durchaus immer konzentrierten und klug organisierten Anspruchslosigkeit vor Augen führte, was so mancher Mensch erst durch jahrzehntelange Meditationsübungen als alles verbindende *Anima Mundi* oder *Weltseele* das Leben durchwirkend erkennt und schätzen lernt.

Eine wunderbare, das Leben der Autorin bereichernde Beziehung beginnt, und wird durch ihre zunehmende Sympathie und ihren Forschergeist intensiviert. Obwohl kaum in der Lage, ein Buch zu halten und sich länger zu konzentrieren, lässt sie sich nach und nach alles Erreichbare bringen, was jemals über die »Gastropoden« (wörtlich: Magenfüßler) erforscht wurde – die »schöne Literatur« nicht ausgenommen. Und natürlich macht sie mit der Zeit immer mehr eigene Erfahrungen, überhaupt, nachdem »ihre« Schnecke in ein wunderbar waldnatürliches Terrarium umgesiedelt wurde, in dem sie jetzt Abwechslung und Bewegungsraum hatte, den sie sichtlich genoss, unermüdlich erforschte, nutzte und immer mehr auflebte.

Ich kann hier nur andeuten, welch tiefen Einfluss diese Beziehung auf die innerste Einstellung der Kranken zur natürlichen Welt bekam, welchen Respekt vor der Einmaligkeit auch unserer »niedrigen« Mitwesen sie weckte. Und es erübrigt sich, denke ich, zu fragen, ob nun Elisabeth Bailey tatsächlich zu der ausdrücklichen Ansicht kam, auch die Schnecke habe eine »Seele«. Denn was eines Menschen Seele derart berühren und beleben kann, seine ganze Anteilnahme erwecken, seine Lebensfreude – das kann letztendlich nichts anderes sein als die uranfängliche Seelenkraft, welche alle »Schöpfung« durchwebt und belebt. Jedes Wesen, auf das wir uns mit ganzem Herzen und ganzer Seele einlassen, kann uns unsere tiefe Verbundenheit damit erfahren lassen.

Schwer nur kann sich die Kranke – nach zwanzig schmerzhaften und zuweilen hoffnungslosen Krankheitsjahren nun auf dem Weg der Besserung und wieder zu Hause – von ihrer Schnecke trennen, sie wieder in den Wald, ihren natürlichen Lebensraum »auswildern«, so tief hatte sie sich dem Tier verbunden gefühlt. Und sie schreibt an einen ihrer Ärzte: *»Ich hätte mir nie träumen lassen, was mich durch das vergangene Jahr gebracht hat: eine Waldschnecke und ihre Nachkommen – ohne sie hätte ich es, glaube ich, wirklich nicht geschafft.«*

Und das Schlusskapitel ihres Buches beginnt sie mit den Worten des amerikanischen, Forschers und Evolutionsphilosophen Edward O. Wilson aus seinen »*Biophilia*« von 1984: *»Der Mensch ist herausgehoben, nicht weil wir so hoch über anderen Lebewesen stünden, sondern weil deren gründliche Kenntnis einen höheren Begriff von Leben schafft.«*

Anima – Leben, Seele, allesverbindender Lebenshauch, seelische Resonanz aller Wesen mit allen Wesen: Erkenntnis aller Mystiker zu allen Zeiten.

Kleingeflügel

An meiner »Seelengesellschaft« oben am Schreibtischrand wandert gerade ein winzig kleines Geschöpf mit hauchzarten Flügelchen entlang (»Psyche«?). Plötzlich hebt es ab (ja, diese Winzigkeit kann fliegen!) und landet auf der »Nase« des groben grünen Malachitsteins, wobei ich plötzlich wahrnehme, dass auch er etwas Tierhaftes an sich hat, wie ein versteinertes Urtier aus fernen Zeiten. Dort, auf der rauen Oberfläche, scheint sich das zarte Flügelwesen wohlzufühlen, bleibt sitzen und putzt sich mit den fadendünnen Hinterbeinchen die Flügel. Den glattpolierten Jade-Elefant daneben hat es verschmäht – es muss also in ihm so etwas wie ein auswählendes Affinitätsgefühl geben. Seele? Ich schaue ihm eine Weile träumerisch zu, fühle mich in das, was ich sehe, einbezogen – und dann ist das Flügelwesen plötzlich weg.

Ich öffne die Glastür zum Garten, freue mich an der lauen Luft, atme tief. Ein Schmetterling tanzt vorbei, gaukelt hierhin und dorthin, kommt zurück, verschwindet eine Weile, kommt wieder – und irgendwann ist er verschwunden. Mein Staunen bekommt sofort neue Nahrung: Nie werde ich begreifen, wie dieses scheinbar ziellose, spielerische Getänzel unvermutet Richtung gewinnt und diese schwerelosen Wesen sehr wohl dort ankommen, wo sie hinwollten: Auf eine Blüte ihrer Wahl. Wodurch wird sie bestimmt? Und wer könnte sich dem Zauber des Schmetterlingsgetänzels entziehen? Und wem ist bewusst, dass dieser schwebenden Leichtigkeit und Schönheit ungeheuer dramatische, vielleicht dunkle Wandlungsphasen vorausgegangen sind? Doch scheint tief im Menschen eine Ahnung davon gegenwärtig, etwas wie ein unbewusstes seelisches Verwandtschaftsgefühl, denn es kann kaum ein Zufall sein, dass Schmetterlinge in unübersehbar vielen Kulturen als *die* Symbole der Seele an sich galten. Ja, in der westlichen Tradition wird schon im Altertum *Psyche* als weibliche Figur mit Schmetterlingsflügeln dargestellt – und »*Psyche*« heißt nichts anderes als »*Seele*«.

Ich weiß nicht, ob ein Schmetterling ein Gefühl hat, für die Leichtigkeit, die wir in ihn hineinsehen, für seine Schönheit. Ob ihn eine Erinnerung begleitet, dass er einst als Raupe – nicht selten ebenfalls von erlesener Schönheit, aber erdgebunden und ausgesetzt – auf Blättern herumkroch, um zu fressen und zu wachsen. Wann die Zeit gekommen war, sich einzuspinnen in einen Kokon und lange Zeit reglos darin auszuharren, während ein aus meiner Sicht makabrer Prozess eines Gestaltwandels nichts, aber auch gar nichts von seiner früheren Raupenschönheit übrig ließ und all das schuf, was ihn irgendwann befähigte, sein Gefängnis zu verlassen, bis die Luft, dieses geisterhafte Element, seine Flügel als solche brauchbar machte. Hat seine Schmetterlingsseele diese neugewonnene Leichtigkeit gespürt?

Ich kenne keinen, der dies *weiß*. Und doch muss durch den Hauch des allesbeseelenden Schöpfungsatems, der durch alles hindurchgeht, eine geheime »animalische« Verwandtschaft bestehen zwischen Menschenseele und Schmetterlingsseele, sodass Schmetterlinge zum Symbol wurden für etwas, das er in sich selbst wirken fühlt. Mitsamt allen schmetterlingstypischen Entwicklungsphasen, von der Raupe, ihrer als schmerzhaft fantasierten Umwandlung während einer Gefangenschaft im Dunkel bis hin zum geflügelten Aufsteigen in eine andere Daseinsform. Immer wieder durchlaufen wir Stadien des langsamen Dahinkriechens, der hilflosen Verpuppung und scheinbaren Erstarrung, während der uns eine unbeeinflussbare, unheimliche, aber unterschwellig sehr lebendige Macht in der Gewalt hat und in eine andere Form zwingt. Bis eines Tages Zeichen einer neuen Freiheit da sind – erst nur spärlich, dann allmählich deutlicher, und wir staunend wahrnehmen, dass eine Leichtigkeit möglich ist, die wir nicht zu erhoffen gewagt hätten: dass uns Schmetterlingsflügel gewachsen sind, für eine gewisse Zeit. Aber nur selten bewahrt sich unsere Seele die Erinnerung der *gesamten* Metamorphose. Und so durchlaufen wir ähnliche Prozesse immer wieder von vorn und nennen sie »Lebens- oder Seelenkrisen«. Die »Erleuchtung«, dieses sich wiederholende Geschehen mit Gelassenheit anzunehmen, erreichen wenige.

Ob die Schmetterlingsseele etwas weiß, was wir nicht wissen, uns das vielleicht sogar mitteilen will? Also beziehungsfähig ist? Etwa wenn sich einem ein Schmetterling vertrauensvoll auf die Hand setzt wie ein luftiger Seelenfreund?

Nicht nur, wer ruhig draußen in der Natur sitzt, kann das erleben. Davon will ich kurz erzählen:

Ein Pfauenauge war durch die offene Glastür meines kleinen Arbeitsraumes hereingeflogen und irrte innen an den Scheiben entlang. Nun, ich habe einige Erfahrung und Tricks im sanften Fangen und Hinausbefördern aller Insekten aus meinem Garten, seien es Fliegen, Schmetterlinge, Bienen, Hornissen oder Libellen vom nahen Teich. Schmetterlinge sind allerdings besonders heikel, denn ich möchte keinesfalls ihre empfindlichen Flügel beschädigen. Schließlich gelang es mir aber doch, das kostbare Tier behutsam in den hohlen Händen zur Tür hinauszubefördern und war sehr erleichtert.

Und da geschah etwas.

Ich saß noch keine fünf Minuten wieder an meinem Schreibtisch, da kam es wieder hereingeflogen. Diesmal aber irrte es nicht herum, sondern setzte sich zielgerichtet auf meine Hand. Blieb dort ruhig sitzen, schlug einige Male die zauberhaften Flügel auf und wieder zu, als wolle es sich bedanken – und flog wieder hinaus.

In tiefer Verwunderung blieb ich zurück und werde diesen Moment nie vergessen. Zauber der Anima Mundi, Weltseele?

Und ich frage alle protestantischen Religionslehrer: Sind Sie sicher, dass Tiere keine Seele haben?

Selbst mit weniger beliebten Flügeltieren habe ich ja eigenwürdige Erfahrungen. Oft umsurren mich in meinem Schreiberker auch unangenehme, kleine und große Fliegen. Meist funktioniert meine Methode, sie hinauszubefördern, sehr rasch: Ich habe dazu eine große Streichholzschachtel. Wenn die Surrer einen Moment ruhig an einer Glasscheibe sitzen, nehme ich die geöffnete Schachtel, stülpe sie darüber und schiebe langsam von unten zu. Dann kann ich die Tiere unverletzt an die Luft befördern. Eine einfache Methode.

Doch es gibt – besonders unter den großen Fleischfliegen – besonders unruhige. Und da Fliegen bekanntlich mit ihren Facettenaugen rundum blicken können, entfleuchen sie schon bei der geringsten Annäherung. Auf die Schnelle ist da nichts zu machen. Nun habe ich schon mehrfach mit Folgendem Erfolg gehabt:

Ich nehme mir Zeit, halte meine Schachtel bereit und nähere mich ganz langsam an, wobei ich zu der Fliege *spreche.* Ja, Sie haben richtig gehört: Ich versuche mit einer Fliege zu *sprechen*! Dabei sage ich mit ruhiger Stimme etwa: »Du brauchst keine Angst zu haben. Ich will dir in die Freiheit verhelfen. Aber du musst mithelfen und jetzt schön ruhig sitzen bleiben.« Währenddessen bewege ich mich ganz langsam auf das Fenster zu, hebe langsam, langsam die Hand mit der Schachtel und hefte meinen Blick fest auf die Fliege, um dann mit einer schnellen Bewegung die große Schachtel über sie zu stülpen. Der Rest ist einfach, und ich habe wieder eine Weile Ruhe.

Ich habe das nun schon so oft mit Erfolg ausprobiert, dass ich wage zu sagen: Auch da entsteht so etwas wie eine Beziehung – von meiner Seele zur Fliegenseele.

Was immer Sie davon halten – es ist mir gleich. Es funktioniert und ich glaube wirklich daran, dass wir mit *allem* Lebendigen in seelischer Verbindung sind!

Dazu passt auch wunderbar ein kleiner Beitrag einer ZEIT Leserin in der Rubrik »Was mein Leben reicher macht« vom 4. Januar 2024. Sie schreibt dort:

»Seit es draußen kalt geworden ist, haben wir eine Fliege als Mitbewohnerin ... pünktlich zum Frühstück ist sie da. Sie nascht überall, und das Schälchen mit Wasser, das ich hinstelle, nimmt sie dankbar an. Dann setzt sie sich auf meine Schulter und wartet darauf, dass ich mit ihr rede – kann der Tag schöner beginnen?«

Ich bin also gar nicht so wunderlich allein mit meinen Tierseelen-Erfahrungen!

TEIL II

Pflanzenseelen – lebendige Seelen

»Das Geheime Leben der Pflanzen – Pflanzen als Lebewesen mit Charakter und Seele und ihre Reaktionen in den physischen und emotionalen Beziehungen zum Menschen.«

Dies ist der geradezu barocke Titel eines Buches von Peter Tompkins und Christopher Bird, das 1973 auf Deutsch erschienen ist (also vor einem halben Jahrhundert schon) und inzwischen wieder neu aufgelegt im Buchhandel erhältlich. Wobei man gleich dazusagen kann, dass noch in der Barockzeit die Lebendigkeit auch der Pflanzenwelt eine Selbstverständlichkeit war, wie an Beispielen aus Liedkunst – geistlicher und weltlicher – und anderen »schönen Künsten« üppig abzulesen ist. Noch in das »romantische« Lebensgefühl und selbst noch in »aufgeklärte« Zeiten wirkte es hinein, wie ein Werk des Ausnahme-Wissenschaftlers Gustav Theodor Fechner von 1881 *»Über die Seelenfrage«*, das vor mir liegt, bezeugen. Und viele Generationen und Kulturen vorher und nachher sahen dies ebenso: In der Antike von Empedokles (ca. 483–423 v.Chr.) bis zu Aristoteles (384–322 v.Chr.) in seinem Werk *»Über die Seele«* und vielen anderen, wie bei dem Philosophen Hans Werner Ingensiep 2001 in seiner akribisch recherchierten *»Geschichte der Pflanzenseele«* nachzulesen ist. Auch noch lange im Mittelalter, etwa zur Zeit der Hildegard von Bingen und dem Hl. Franziskus, der selbst den Blumen gepredigt hat, gab es noch keinen Zweifel an der Lebendigkeit, der Beseeltheit der Natur. Es würde ein ganzes Buch füllen, dies nur auch an wenigen Belegen aufzuzeigen. Und in neuerer Zeit hat der Naturforscher und Philosoph Emanuele Coccia, geb. 1968, das Thema wieder aufgegriffen und 2016 in seinem Buch über *»Die Wurzeln der Welt«* (*»La vie des plantes. Une métaphysique du mélange«*) einen Horizont des Pflanzenlebens geradezu als *Ursprung* der Welt, als universal initiierendes und verbindendes Element von Himmel und Erde, allem mit allem, Irdischem und Metaphysischem, »göttlichen Faktum« aufgespannt. Man fragt sich: Wie konnte dieses Wissen überhaupt unseren westlichen Hirnen im Lauf der Zeit verlorengehen? Wurde und wird es gewaltsam unterdrückt oder einfach ignoriert?

Doch es erheben sich inzwischen immer mehr ernstzunehmende, durchaus auch »wissenschaftlich« basierte Stimmen, unverdächtige Untersuchungen, Analysen. Aber in der Breite angekommen sind diese noch lange nicht, wie unser Umgang mit der Natur zeigt. Und wie wenig empathisch bei den meisten von uns die Beziehung zur Pflanzenwelt ist (was immer auch heißt, wie viel seelisches Verbundenheitsgefühl uns abhandengekommen ist), sieht man an jeder Straßen- und Gartenecke, an den bejammernswert zu stummen Funktionselementen verstümmelten Hecken und Sträuchern, oder an lieblos und industriell gezüchteten Gemüsen und zusammengequetschten Blumen in Supermärkten als künstlich erzeugte, uniforme Massenware. Doch ein bisschen Leben und Seele muss ja auch in diesen verblieben sein – sonst würde sie kein auch noch so übler Menschentrick zum Werden bringen.

Dennoch: Rufen am Ende des Winters, wenn in meinem Garten gewiss noch keine Tulpe sich aus ihrem Erdschutzraum hervorwagt, die kübelweise im Massenmarkt angebotenen Tulpenbündel in mir dasselbe Glücksgefühl, wie es später im Jahr die sich vorsichtig zeigenden, langsam entfaltenden Blüten tun? Ganz gewiss nicht – und trotzdem kaufe ich sie manchmal, wohl wissend um ihr bisheriges, mitleiderregendes Schicksal, womöglich gerade deshalb. Denn wenn ich sie mitnehme, sie sorgsam von zerfetzten Blättern befreie und in einer schönen Vase arrangiere zusammen mit kräftigem Wintergrün aus meinem Garten, dann habe ich das Gefühl, sie gewinnen eine zuvor geschändete Würde wieder, ihre Seele lebt auf!

Das jedenfalls bilde ich mir ein, denn durch die sorgsame Beziehung, die ich beim Arrangieren des Buketts eingegangen bin, spüre ich auch meine eigene Seele belebt – als gäbe es einen geheimen freudigen Widerhall in diesen Pflanzenwesen auf meine Bemühungen, der auf mich überschwingt.

Darin, dass das womöglich keine reine Fantasmagorie meinerseits ist, bestätigen mich auch schon die ersten Seiten in Peter Tompkins Buch, auch wenn »wissenschaftliche« Hardliner es skeptisch betrachten. Als ich es vor Jahrzehnten zum ersten Mal las, kam auch mir die Sache doch noch etwas fragwürdig vor. Inzwischen jedoch habe ich so viel eigene Erfahrungen gemacht und es gibt immer mehr Publikationen von sensitiv offeneren forschenden Zeitgenossen, die mich bestätigen, dass mir beim neuerlichen Lesen alles schlüssig erschien. Und zutiefst beklemmend, wenn ich den allgemein üblichen gewaltsamen Umgang mit unseren scheinbar willen- und seelenlosen pflanzlichen Mitgeschöpfen miterlebe. Verweilen wir also eine Zeit lang bei dem, was Peter Tompkins berichtet.

Achtung, Ihre Pflanzen durchschauen Sie!

Zu Anfang erzählt Peter Tompkins von einem damals in Amerika führenden Lügendetektor-Experten namens Peter Backster. Normalerweise war der Mann darauf spezialisiert, seine technischen Erfindungen zur Messung von Hautwiderständen mehr und mehr zu verfeinern. Denn sie zeigen bei einem Menschen an, ob er möglicherweise bei der Antwort auf eine Frage schwindelt. So kann ein abgebrühter Lügner angehörs einer verfänglichen Frage äußerlich emotional völlig »cool« erscheinen, aber mittels klug applizierter Sensoren ist es möglich, Art und Ausmaß eines entstandenen seelischen Aufruhrs seismographisch zu erfassen. Dabei wird der Grad seiner Angst vor dem Bemerken seiner wahren seelischen Befindlichkeit in präzisen Zacken- und Wellenkurven grafisch variantenreich bildhaft aufgezeichnet und dargestellt. Daraus wiederum kann ein erfahrener, psychologisch versierter Spezialist weitreichende Schlüsse ziehen. Als ein solcher Spezialist hatte Clive Backster Berühmtheit erlangt.

Eines Tages fand nun seine Sekretärin, dass dem Büro eine Grünpflanze guttun würde und schleppte einen Topf mit einem Philodendron an. Backster hatte nichts dagegen, und es kam, wie es kommen musste: Plötzlich hatte er die Idee, er könnte sein System doch auch einmal an dieser großblättrigen und sehr widerstandsfähigen Pflanze ausprobieren. Er heftete vorsichtig einige Elektroden an einen Blattrand und gab der Pflanze Wasser. Das sie offenbar dringend brauchte, denn zu Backsters größter Überraschung wurden auf der Papierrolle eindeutige Gefühlsreaktionen aufgezeichnet. Man konnte sagen: Die Pflanze freute sich! Was Backster verständlicherweise sofort zu weitergehenden Experimenten anstiftete.

Ich will nun nicht alle Versuche, die er mit größter Behutsamkeit anstellte, auflisten. Doch man kann sich denken, dass er in der Fachwelt weidlich verlacht wurde. Aber er blieb unbeirrt dabei, bis das Gelächter allmählich zumindest bei den wacheren Kollegen und Mitmenschen einem erstaunten Interesse wich.

Mir genügt es hier, zwei Beispiele darzustellen, die mich nachgerade erschütterten – vor allem in Bezug darauf, was unaufhörlich in meiner Umgebung geschieht – und auch, was meine eigene Sicht auf bestimmte Topfpflanzen angeht.

Backster stellte zum Beispiel fest, dass sein Philodendron sehr genau registrierte, welche Gefühle Menschen, die das Büro betraten, ihm gegenüber hatten. Ein äußerst peinlicher Gedanke für mich, die ich doch eigentlich mit allen Wesen in freundschaftlicher seelischer Beziehung stehen will, aber tatsächlich bestimmte Arten von »Bürogrün«, darunter eben diesen Philodendron, nicht ausstehen kann, selbst wenn ich einsehe, dass ein Wartezimmer ohne eine solche Pflanze noch trostloser aussehen würde. Aber wie gekränkt müssen diese Unschuldigen durch meinen abschätzigen Blick sein! Ich kann nur hoffen, dass sich meine Haltung nun ändert, da ich durch Backsters Beobachten eine neue Art von seelischer Achtung und Beziehung bekommen habe! Und ganz bestimmt werde ich in Zukunft genauer beobachten, wo mir meine lange gehegten Urteile den Weg zur Sympathie versperren, auch was alle Arten von industriell produziertem »Baumarktgrün« angeht. Warum es nicht auch würdigen, so, wie ich doch auch einem misshandelten Tulpenstrauß ein Seelenleben zugestehen und durch empathische Zuwendung und Mitgefühl Schönheit verleihen kann?

Mir scheint, solche Haltungsänderungen wären allgemein der Pflanzenwelt gegenüber in vieler Hinsicht hochnötig, selbst wenn man sie noch längst nicht in ihrer fundamentalen, weltbildenden und metaphysischen Bedeutung wie Emanuele Coccia erkennen kann. Denn da ist noch eine andere Sache bei Backsters Experimenten, die mich tief getroffen hat. Er stellte nämlich fest, dass seine Pflanzen (inzwischen waren es wohl mehrere geworden), schon dann absolut verzweifelt reagierten, wenn er sich allein mit der *Absicht* näherte, ein Blatt abzuschneiden oder sie sonst wie zu verletzen. Ja, er bemerkte sogar, dass selbst wenn er noch gar keine Anstalten getroffen hatte, ihnen auf irgendeine Weise wehzutun (was wohl bedeutet, dass sie sehr wohl Schmerzen empfinden können!), das heißt, wenn er auch nur den *Gedanken* fasste, etwas Ähnliches zu unternehmen, Panik ausbrach! Und das beobachtete er nicht nur bei ihm selbst, sondern auch bei völlig fremden Personen, die den Pflanzen bisher gar nicht nahegestanden hatten. Die Backsters Versuche verdächtig überzogen und »unwissenschaftlich« fanden und die Idee, Pflanzen könnten Gefühle haben, als absurd abtaten!

Als ich das las, lief es mir kalt den Buckel herunter. Denn wo immer man hinkommt, ist man ja konfrontiert mit penibel geometrisch geschnittenen Hecken, Bäumchen und Ziersträuchern, denen in regelmäßigem Turnus und ohne jede Einfühlung in ihre Eigenart mit Heckenscheren kaltschnäuzig zu Leibe gerückt wird, um den Nachbarn zu zeigen, wie »ordentlich« man selber ist ... Und nicht besser ergeht es den Obstbäumen, den Weinreben, die so zu Notblüten und Früchten gezwungen werden.

Kein Zweifel: Die meisten Menschen haben jegliches Gespür dafür verloren, dass diese Pflanzenwesen *auch* beseelte

Lebewesen sein könnten. Denn dieses Gespürs bedürfte es – und ich bin kühn genug, es Seele zu nennen –, um sich auch nur vorstellen zu können, dass ein Baum aufschreit, wenn sich ihm ein Holzfäller nähert ...

Damit will ich nun nicht sagen, dass kein Mensch mehr einen Baum fällen darf. Es kann gute Gründe geben, dass das einmal notwendig ist, genauso wie es Gründe geben kann, einen Strauch in seine Grenzen zu verweisen. Aber ich muss *wissen,* was ich tue! Ich kann ihm das *erklären,* womöglich mich entschuldigen, wie das »Primitive« einst taten. Eine einfühlsame Haltung einnehmen, die zeigt, dass ich sehr wohl spüre, dass ich es mit einem lebenden Wesen zu tun habe. Backster nennt dieses Gespür »primäre Wahrnehmung«, die beim Menschen überlagert wird durch die Beschränkung auf den Gebrauch seiner primären Sinnesorgane, Augen und Ohren, mit deren Hilfe er sich im Allgemeinen in der Welt orientiert. Aber grundsätzlich »hat« auch der Mensch diesen allen anderen Sinnen vorausliegenden Seelen-Sinn, einen intuitiven *sensus,* der durch die Zivilisationsgebräuche (oder *Miss*bräuche) verschüttet ist.

Denn darin lebt sie, die uranfängliche *anima,* Seele, *anima mundi,* Weltseele, welche alles in der Welt durchzieht und belebt und alles mit allem verwandtschaftlich verbindet! Dieser Sinn ist es, den wir verloren haben, und darum können wir die Durchseeltheit von allem in der Welt Existierenden nicht mehr wahrnehmen.

Wenn wir weiterhin ein Pflanzenleben zerstören, ohne Einfühlung vergiften, bringen wir uns selbstmörderisch um Kopf und Kragen. Wer dagegen anerkennt, dass auch *durch* sie und *in* ihnen »höhere Kräfte«, ein geistiger, weisheitlicher Eros und eine allesbelebende natürliche Intelligenz wirkt, kann wahre Wunder erleben.

Findhorn

Ein Sonnenstrahl lässt die Kelchblätterblüte auf meinem Schreibtisch, die einst eine karminrotprangende Granatapfelblüte, Symbol der Hoffnung, gewesen war, aufleuchten. Nein, für Granatäpfel ist es am nördlichsten Zipfel Schottlands dann doch zu kalt gewesen.

Aber haben Sie jemals von den Wundern von Findhorn gehört? Wenn Sie jünger sind als – sagen wir – sechzig, vermutlich nicht. Fragende Blicke treffen mich aber auch noch von etwa Gleichaltrigen, die sich lebenslang in festen bürgerlichen Horizontgrenzen bewegt haben. Dabei war »Findhorn« in den 1970er- und 1980er-Jahren ein Stichwort wie ein elektrisierender Funke, der jeden entflammte, der auch nur am Rande die neuen ökologischen und spirituellen Bewegungen verfolgte oder gar irgendwie aktiv daran teilnahm!

Und wenn jetzt nicht wenigstens von ferne bei Ihnen etwas aufdämmert, dann tippen Sie das Rätselwort flugs in Ihr allwissendes Smartphone ein, und sie können ausführlich in Wikipedia darüber nachlesen und sehen, dass es sich dabei nicht etwa um eine »New Age«-Fantasmagorie handelt, sondern um ein nach wie vor absolut ungewöhnliches, real existierendes Phänomen von erstaunlicher Wirkkraft und zunehmender Reichweite.

Wann *ich* zum ersten Mal davon hörte, weiß ich nicht mehr. Zwar befasste sich mein Mann schon länger mit biologischen Anbaufragen und gehörte zu einem ökologischen Arbeitskreis an der hiesigen Universität, aber dort wurden keine Wunder diskutiert. Ich wiederum hatte auch andere, unakademische Kontakte und woher auch immer ich Wind von der Sache bekam: Ich besorgte mir sofort das 1980 auf

Deutsch erschienene Buch eines Amerikaners namens Paul Hawken, der auf das Findhornprojekt aufmerksam geworden war über einen Bericht des uns jetzt schon bekannten, seriösen Pflanzenforschers Peter Tompkins. Der war höchstselbst in Findhorn gewesen und hatte nun in *»Harper's«*, einer eher konservativen amerikanischen Zeitung, Erstaunliches berichtet: Nämlich, dass auf einer unwirtlichen, kalten und sturmgeplagten schottischen Halbinsel eine kleine Gruppe von Leuten sozusagen aus dem Nichts, »nur« mithilfe ihrer spirituellen Einstellung und harter Arbeit einen der fantastischsten fruchtbaren Gärten geschaffen hatten, wie er ihn zuvor noch nie gesehen hatte.

Der Journalist Paul Hawken, durch und durch pragmatischer Skeptiker ohne jegliche idealische Pflanzenseelen-Ahnungen, war selber bereits länger mit alternativem landwirtschaftlichen Anbaumethoden befasst und konnte das Gelesene kaum glauben. Er schickte Kopien des Artikels an Kollegen und Freunde, die solcherlei ebenfalls für absolut unglaubhaft hielten oder gleich gar nicht antworteten. Aber Hawken selber fühlte sich von einem sonderbaren Sog erfasst und beschloss schließlich, das klimatisch komfortable Boston zu verlassen und das Abenteuer einer Reise in die 6000 km entfernte kalte und stürmische Einöde zu wagen.

All das, einschließlich seiner Zweifel und emotional frustrierenden Ankunft schildert er in seinem Buch *»Der Zauber von Findhorn«* farben- und facettenreich.

Was er aber nach der anfänglichen Frustration erlebt, vorfindet und *sieht,* haut ihn, salopp gesprochen, um. Und er zweifelt nicht mehr daran, dass zum einen Findhorn ein besonderer Ort sein muss und dass diejenigen, die nach teils abenteuerlichen Lebenskrisen sich buchstäblich dorthin »gerufen« fühlten, in außerordentliche Resonanz mit real existierenden Pflanzenseelen und Naturgeistern gefunden hatten, die unser »aufgeklärtes« Bewusstsein längst in das Reich der Fabeln und Märchen verwiesen hat: Fantasmagorien der Vergangenheit, auf die man bei der Ausbeutung der Natur keine Rücksicht mehr zu nehmen braucht. Die Bereitschaft jedoch, sich für diese Kräfte einer anderen Dimension zu öffnen, hatte diesen »Verrückten« ermöglicht, auf einem Boden, der nur aus Fels und Sand bestand und zuvor nur Strandhafer, Quecken, Stechginster, Schrumpfformen von Heidekraut wachsen ließ, einen paradiesischen Garten erblühen zu lassen. Dazu einen Landbau zu betreiben, der nie gesehenes lebenskräftiges Gemüse hervorbrachte. Ja, sogar Obstbäume waren angesiedelt worden, gediehen und trugen ebenso reichlich Frucht wie alles andere, sodass selbst die umliegenden Bauern dort einkauften und schließlich an den Wochenenden auch aus den weiter entfernten Städten ein regelrechter »Öko-Tourismus« einsetzte.

Doch die Anfänge waren hart und entbehrungsreich gewesen – von den vorangegangenen Lebenskrisen der kleinen Gruppe, bestehend aus den Briten Peter Caddy (1917–1994), seiner Frau Eileen (1917–2006), der kanadischen Freundin Dorothy Maclean (1920–2020) samt drei kleinen Kindern ganz zu schweigen. Sie sollen hier aber nur am Rande erwähnt werden. Viel wichtiger sind ihre gewonnene Einstellung, ihre Arbeit, das Vertrauen und die Realisierung des Zusammenwirkens mit Dimensionen, die wir heute nur noch belächeln. Was uns allerdings vermutlich in die Katastrophe gebracht hat, in der wir jetzt stehen.

Keiner der drei Pioniere kam aus »esoterischen« Aussteigerkreisen, die damals überall in Amerika blühten. Zwar hatten außergewöhnliche Umstände sie alle zu dem Schluss gebracht, dass sich in Fehlern und Irrtümern auch eine »höhere Führung« verbergen kann – in unserer auf zielorientierte Leistung und vorzeigbare Erfolge programmierten Gesellschaft zweifellos eine ungewöhnliche Lebenseinstellung. Aber alle stammten sie ursprünglich aus durchaus soliden Milieus: Peter Caddy aus eher kleinbürgerlichen Methodistenkreisen, in denen er durch ein paar tiefgehende Erfahrungen ein unverbrüchliches Gottvertrauen entwickelt hatte. Nach Paul Hawkens Schilderung war er mit außergewöhnlicher natürlicher Autorität ausgestattet und hatte eine Karriere als verantwortlicher Major und Versorgungsoffizier der Royal Airforce in Kriegszeiten hinter sich. Seine Frau Eileen dagegen, zierlich und charmant, war behütet in eher bildungsbürgerlichen Kreisen aufgewachsen, denen stramme Gottgläubigkeit fern lag. Und Dorothy, die Dritte im Bunde, einst Topverdienerin als Sekretärin in verschiedenen Botschaften, eine elegante und verführerische Person, gebildet, weltläufig, weitgereist, würde man heute eher in der Chefetage eines Konzerns vermuten. Gewiss jedoch nicht in einem barackenähnlichen Wohnwagen, von frühmorgens bis spätabends die Hände in der Erde, die in Findhorn zunächst nur aus kümmerlichen Humusresten des Heidekrauts und einer dünnen Sandschicht über dem Gestein bestand.

Allerlei »Zufälle« und Erfahrungen hatten die drei zusammengebracht. Zuletzt hatten sie mit großem Erfolg das beste Hotel der Gegend geleitet. Doch aus unerfindlichen Gründen wurden sie eines Tages vom Eigentümer gefeuert und waren gezwungen, von einem Tag auf den anderen in einen maroden Wohnwagen am stacheldrahtbewehrten Rande eines Truppenübungsplatzes zu ziehen und sich und die Kinder mit dem spärlichen Arbeitslosengeld durchzubringen.

Von Hoffnung verheißenden Granatapfelblüten weit und breit nicht die geringste Spur.

Wegweisungen und Naturgeister

Nun aber bekamen plötzlich merkwürdige »Weisungen« lebensrettende Funktion, welche die Frau des Majors durch ihre besonderen Sensivität erhielt als strikte Aufforderung, meditativ auf eine Stimme zu horchen und das Gehörte aufzuschreiben und den anderen mitzuteilen. Zwar löste dies in ihr größtes Widerstreben aus, aber ihr befehlsgewohnter Mann bestand darauf, dass sie die Sache ernst nahm – und setzte alles, was da durch Eileen gesprochen hatte, umgehend in Praxis um: Mit Erfolg, wie sich zeigen sollte.

Es wurde Holz organisiert zur Verbesserung der Unterkunft und unter den spöttischen Augen der Nachbarn Gemüse angepflanzt auf dem absolut unfruchtbaren Boden, der jetzt genau nach den Angaben von Eileens »Weisungen« behandelt wurde. Und dieses Tun trug Früchte, das Wunder geschah: Alles gedieh – auch wenn noch nicht zu der später erlebten Größe und trotz Kämpfen gegen allerlei Probleme mit Schädlingen und Krankheitsbefall.

Doch da stellte sich eine wichtige Wende ein, als eines Tages auch bei Freundin Dorothy etwas geschah, was sie ebenfalls zunächst mit größter Skepsis und Abwehr erfüllte. Es schien ihr nämlich, als würde sich bei ihr, wenn sie in der Stille saß, Naturkräfte oder -wesen melden, die man vage als »Naturgeister« bezeichnen könnte. Dorothy hat später schriftlich über diese Erfahrungen berichtet, und Paul Hawkins zitiert wörtlich, was sie über dieses »Initialerlebnis« schrieb, in dem sie (präzise datiert mit 8. Mai) folgende Worte hörte:

»Für die, die einen Einblick in das Leben haben, hat alles einen Sinn. Es ist zum Beispiel ein Sinn hinter dem unablässi-

gen Wehen des Windes, eine geistige Bedeutung trotz all der unerfreulichen Resultate, die die Böen zeitigen ... Die Kräfte der Natur sind etwas, in das man sich hineinfühlen muss, um die man sich bemühen muss.« Und es ging weiter: Alle Naturwesen seien freundlich und es sei Dorothys Aufgabe, sich seelisch in sie hineinzufühlen – in Wind, Sonne, Mond, Meer ebenso wie Bäume und Pflanzen. *»Alles ist ein Leben. Übernimm deine Rolle, mache das Leben wieder eins, mit Meiner Hilfe.«*

»Mit Meiner Hilfe«? Was sollte das heißen? Dorothy, zwar offen für die Existenz von Wesen aus anderen Dimensionen, aber doch gewiefte Pragmatikerin, war verwirrt. Wer oder was hatte da zu ihr gesprochen? Waren das Halluzinationen, weil sie zu schwer arbeitete? Oder war es tatsächlich die *Natur* selbst – und was war dann das, »die Natur«? Die Seele, der Geist der Natur? Sicherlich hatte sie – wie wir fast alle – als Kind Märchen, Bilderbücher von Naturgeistern, Feen und Elfen gelesen – aber welches Kind behält den Glauben daran über die Kindheit hinaus?

Dorothy wollte Abstand gewinnen, eine Besinnungszeit einlegen, aber der autoritäre Freund Peter bedrängte sie weiterzufragen, denn für ihn gab es niemals Zweifel an der Authentizität von Botschaften aus dem Nicht-Sichtbaren. Und so bekam sie als nächste Botschaft, dass tatsächlich die ganze Natur belebt und beseelt sei von Wesen, von denen jedes eine spezifische Aufgabe hatte. Aber sie hätten sich zurückgezogen und stünden nun den Menschen misstrauisch gegenüber, weil diese nichts im Sinn hätten, als auszubeuten, immer mehr haben zu wollen und nichts zurückzugeben. Nun aber sähen diese Naturwesen die Chance, mit dieser kleinen Gruppe hier zusammenzuarbeiten, weil diese anerkannte, dass alles Sichtbare im Hintergrund unmittelbar verbunden ist und ein einziges Leben, eine einzige Seele bildet.

Und so nahm die einstige Karrierefrau Dorothy tatsächlich mit einzelnen Geistern oder Seelen bestimmter Pflanzen Verbindung auf und bekam nun immer konkretere Antworten – gesucht oder ungesucht, und zwar ganz konkret: Wo etwa zu viel oder zu wenig gegossen wurde, wo Pflanzen zu dicht gepflanzt waren und vieles andere, und die Gruppe gewöhnte sich daran, alle Anweisungen absolut ernst zu nehmen und umzusetzen.

Und so unglaublich es war: Es war nicht zu bezweifeln, dass die Naturwesen, die zunächst eher zurückhaltend gewesen waren, nun nicht mit Rat und Hilfe zu sparen schienen, sodass alles, was gepflanzt wurde, zu ungeheurer Größe und Schönheit heranwuchs. Eine unglaubhafte, »esoterische« Märchengeschichte? Doch die Sache funktionierte, ganz real! Immer mehr Besucher kamen, teils um zu kaufen, teils um eine Zeit lang zu bleiben und teilzuhaben an etwas, das sie als spürbare positive Energie empfanden – und das ist bis heute so geblieben!

Die »Findhorn Community« wuchs, expandierte, immer mehr Berühmtheiten, spirituell Suchende, Künstler stellten sich ein, und jeder wurde aufgefordert in irgendeiner Weise etwas von seinen Fähigkeiten mit einzubringen, mitzuarbeiten am Gedeihen des Ganzen, und es gab keinen, der die immer umfassendere Organisation nicht bereichert wieder verlassen hätte – wenn er sich nicht gar entschloss, in diesem Feld der seelischen Energie der Naturwesen zu bleiben. Die Atmosphäre dort muss von einer ungeheuren Kraft und Freude erfüllt sein, die auch die härtesten Kritiker nicht leugnen konnten.

Woher ich das weiß? Nicht nur aus Paul Hawkens Findhorn-Buch oder Wikipedia-Informationen! Nein, ich habe sie sozusagen aus erster Hand, denn eine damalige Freundin von mir, »ganz normale« Reiseleiterin eines bekannten Unternehmens, war neugierig genug, um dort hinzufahren – und arbeitete mit. Und sie war von dem, was man nur vom Hörensagen kannte, so ergriffen, dass sie begeistert und beseligt (oder soll ich sagen be-seeligt?) zurückkam und alles bis ins Detail bestätigen konnte, was man nur für eine abgehobene Legende halten mochte.

Sie hat den »Zauber von Findhorn« an eigenem Leib, an eigener Seele erlebt, und zweifelte fortan keine Sekunde mehr daran, dass alles, was unsere rational verdorbene Zeit der Natur an elementaren Geist- und Seelenwesen abspricht, real ist. Was uns klarmachen müsste, welche Verbrechen wir begehen, wenn wir die Kräfte der schöpferischen Naturelemente unentwegt willkürlich beschädigen, missbrauchen und vergewaltigen!

Nun, so, wie die meisten von uns erzogen und aufgewachsen sind, kann ich keinem verdenken, wenn er das, was ich hier erzählt habe, für zumindest einigermaßen fantastisch hält. Und so kann ich nichts tun, als meine eigenen bescheidenen Erfahrungen und Gedanken als eine Art »Plädoyer für das Mögliche« hier einzufügen.

Plädoyer für die Seele der Natur

Die ersten 7 Jahre meines Lebens habe ich hauptsächlich allein im riesigen Garten meines Großvaters verbracht. Unser städtisches Haus war bei einem Bombenangriff zerstört worden und meine Mutter musste als Kriegerwitwe ihr Geld als Lehrerin verdienen, während eine Freundin unseren kleinen Haushalt führte, meine fünf Jahre ältere Schwester war schon in der Schule und der Kindergarten war mir lästig. Stattdessen fand ich in geheimnisvollen Gartenwinkeln zwischen alten Bäumen und Büschen genug Räume und Dinge, um dort meine verträumten Spiele zu spielen. Ein alter Baum etwa war in seinem Wurzelwerk voller Höhlen und verborgenen Nischen, und dort ließen sich wundervolle Wohnungen für meinen kleinen, abgeschabten Bär und allen möglichen zu Zwergen und Gnomen erklärten Steinen und Hölzchen bauen, mit Diwanen und Betten aus Moos und was mir sonst noch einfiel.

Oben in der Wohnung gab es für Regentage genug Bilderbücher in denen Tiere, Blumen und andere Pflanzen menschliche Rollen spielten und Abenteuer bestanden. Außerdem war meine Mutter nicht nur eine begabte Geschichtenerzählerin, sondern ließ keinen Spaziergang im nahem Wald oder über Wiesen aus, um Sagen und Legenden aus jener märchenhaften Zeit zu erzählen, als die Natur noch von beseelten Naturwesen bevölkert war. Jedes unnötige Abreißen einer Blume, eines Blatts, waren »eine Sünde«, und wir Kinder lernten früh, was giftig sein konnte und welche Beeren, die andere überhaupt nicht kannten, durchaus essbar waren.

Zudem war es eine Zeit, in der man nicht nur sein Gemüse selbst zog, Früchte einkellerte oder einkochte, sondern auch im Wald die unscheinbarsten Pilze, Beeren, Haselnüsse und Bucheckern sammelte und die Natur gewissermaßen als geheimnisvolle, großzügig zugewandte, nährende Freudenspenderin erleben konnte – die zweifellos auch gewisse Gefahren barg. So musste man darauf achten, dass die Hühner am Abend alle im Hühnerhaus waren und nicht auf den Fliederbüschen sitzen blieben, weil Fuchs und Marder in der Nacht auf Beutejagd gingen, und auch nicht jeder Greifvogel war gern gesehen. Umso mehr alle Singvögel – und meine Mutter kannte sie alle. Ein besonderes Fest war, in Sommernächten eine Nachtigall zu hören.

Ich war sozusagen eingehüllt in Lebensbilder der Natur und der Fantasien, die sie mir einflößte, und hatte keinerlei Zweifel meiner unmittelbaren seelischen Verbundenheit mit ihr, und dass man mit ihr persönliche Zwiesprache halten kann. Und ist das nicht bei allen Kindern so, wenn sie nicht durch die kritisch »aufgeklärten« Haltungen ihrer Eltern, durch unwirtlich-städtische Lebensverhältnisse und Überflutung mit technischem Spielkram (sich selbst!) entfremdet sind?

Sind sie nicht leicht davon zu überzeugen, dass etwa *»Die Blumen der kleinen Ida«* von Christian Andersen nachts zum Ball gehen und darum am Morgen erschöpft die Köpfe hängen? Oder davon, dass die über den Winter im Schoß und Schutz der *»Mutter Erde«* schlafenden *»Wurzelkinder«* aus der zauberhaften Bildfantasie der Sybille von Olfers im Frühjahr sich schläfrig recken und strecken und sich erst einmal wieder frisch machen müssen, um dann, wenn es an der Zeit ist, in die Sichtbarkeit über der Erde zurückzukehren? Viele Beispiele könnte ich nennen, Künstlerbücher der belebten Blumenindividuen wie etwa die *»Blumenmärchen«* von Ernst Kreidolf (geb. 1863)! Meine Sammlung ist auch voll von zeitgenössischen Bilderbüchern menschlich belebter Tiere und Pflanzen, und ich habe noch kein Kind erlebt, das von sich aus abschätzig gesagt hätte: Das kann doch alles gar nicht sein. Was also passiert da, dass Kinder dies alles (angeblich) vergessen? Warum haben auch die Erwachsenen vergessen, welche seelenträchtige Rolle die Natur noch bis weit in die Literatur von Idealismus und Romantik hinein und darüber hinaus auch in heutiger Lyrik spielt? Was mich beschäftigt und beklemmt ist die Frage:

Was für Vorstellungen kommen eigentlich uns »Vernünftigen«, wenn wir von Naturgeistern und Elementarwesen sprechen hören, so wie Dorothy sie erlebt hat? Wollten wir da nicht am liebsten das Buch zuklappen und sagen: Jetzt wird's aber zu »esoterisch« Sind das nicht alles längst abgelegte »Kinderfantasien«, denen wir längst entwachsen sind in unserer angeblich rationalen »wissenschaftlichen« Weltbetrachtung – auch wenn diese immer wieder erschreckend irrationale Glaubenszüge aufweist?

Und haben Sie sich jemals gefragt, woher Ihnen ein plötzlicher »Einfall« kommt? Ihre Ideen, die sich oft urplötzlich einstellen, wenn sie sich intensiv auf die Lösung einer Frage einstellen? Ihre Fantasien über Situationen, Menschen, Beziehungen die sich oft genug ungewollt einstellen? Ihre Stimmungen, die urplötzlich wechseln können?

Vielleicht könnten wir uns noch einmal an das erinnern, was uns und alles Lebendige um uns belebt: Ein rätselhaftes, niemals greifbares Lüftchen, das noch kein Anatom beim Sezieren gefunden hat. Diesen Hauch eines Hauchs, wessen Woher und Wohin sich entzieht und den wir auch nicht mit irgendwelchen Be-Griffen in den Griff bekommen, nur seit unvordenklichen Zeiten mit allerlei Namen und Fantasien umkreisen können. »Seele« ist einer davon, und schon sind wir an der Grenze des Be-Greifbaren. Auch wenn kluge Forscher erkannt haben, dass ein germanischer Ausdruck dafür »saiwala« oder »saiwalo« war, der seinerseits wieder verbunden werden kann mit dem griechischen »aiolos«, etwas luftig Beweglichem, Bunten gar Schillerndem, ähnlich dem Geistwind, der weht, wo er will, haben wir nichts in der Hand. Und dasselbe sahen wir schon bei der lateinischen *»anima«,* die wiederum verwandt ist mit dem griechischen *»anemos«,* wiederum nicht zu packender Geist – wir können es drehen und wenden, wie wir wollen, müssen zugeben, dass wir ohne zu Atmen nicht leben können und diese Atemluft letztlich ein Geist- und Lebenselixier, ist und nicht teilbar. Dass es uns so elementar mit unseren Mitgeschöpfen, ja mit allem in der Welt verbindet, dass jede Störung eine Gefahr für alles ist: Wenn in Peking die Luft so verdreckt ist, dass man keine Hand vor Augen sehen kann und das zu lange dauert, werden nicht nur die Menschen von dieser Atem- und Seelennot vergiftet. Denn die Seele ist ein Fluidum, das unmöglich macht, sich von irgendetwas abzutrennen. Wer sie fördert, wird zum Gedeihen von allem beitragen. Wer sie vergiften will, wird alles Leben vernichten. Auch wenn uns das schwer in den Kopf geht: Wir sind rundum von etwas Unbegreiflichem eingehüllt und bringen ihn, den gescheiten Kopf, über diese Einhüllung, die allen Lebewesen gemeinsam ist, nicht hinaus. Unser Intellekt mag die Welt in »Wahres« und »Fantasiertes« aufspalten wollen, letztendlich bleibt auch er mit all seinen Gedanken und Machenschaften immer eingebettet in ein seelisches, psychisches *Feld,* denn es war lange vor ihm da!

Dieses Wissen aber ist in uns so tief abgesunken, dass wir nicht mehr merken, dass all die »Naturgeister« und »Elementarwesen« auch in unserer Seele oder Psyche beheimatet sind. Zwar trampelt unser angeberischer »wissenschaftlicher« Intellekt und Machtwille seit Jahrhunderten so gewalttätig darauf herum, dass sie – wie die Naturwesen in Findhorn auch Dorothy sagen – dem Aktionismus der Menschen misstrauen und sich lieber verbergen und schützen: Zum Schaden der ganzen Welt. Da diese natürlichen Geistseelen keiner mehr für »wirklich«, d. h. wirksam hält, ziehen sich noch tiefer zurück, und Menschenseelen, Natur und Klima kommen schwer aus dem Gleichgewicht – einzig, weil niemand mehr auf ihre Stimme hören will und kann, wegen des Lärms, den er selber macht, um sich »wichtig« zu fühlen.

Menschen aber, die bereit sind, still zu werden, sodass sie auch noch das leiseste Raunen des Seelenhauchs in allem hören können, bemerken plötzlich, dass die verächtlich behandelten »Fantasien« wieder vorsichtig Kontakt aufzunehmen versuchen. Denn für sie gibt es ja gar kein »Außen« oder »Innen« – sie haben sich – notgedrungen – genauso in geheimnisvollen Winkeln unserer sogenannten »Um-Welt« verborgen wie in unseren seelischen Tiefenschichten.

Wir müssten auf etwas hören lernen, was keiner hören will: Man muss gar »in den Brunnen springen« wie Goldmarie und Pechmarie in Grimms Märchen *»Frau Holle«*: Dort hört man plötzlich den »Seelengeist« des gebackenen Brotes rufen und die flehentliche Bitte des Apfelbaums: *»Ach schüttel' mich, meine Äpfel sind alle reif!«*

Und wer diesem Ruf folgt (und ihn *be*-folgt) – der wird nicht mehr fragen, ob die »Findhörner«, also die Findhorn-Bewohner überspannten New-Age-Fantasien gefolgt sind, die doch in unserer technikfixierten Welt total überholt sind, sondern er wird – wie meine Freundin damals, überzeugt sein, dass da etwas an unser Bewusstsein Anschluss sucht. Und er wird entweder tatsächlich nach Findhorn reisen und sehen, was geschieht, wenn man diese Stimmen ernst nimmt – oder er wird sein altes Grimm'sches Märchenbuch herausholen, *»Frau Holle«* lesen und plötzlich verstehen, dass die Geschichte von Goldmarie und Pechmarie mehr ist als ein moralinsaures Lehrstück und vielleicht sogar ziemlich aktuell!

Und ich werde meinen »Hollerbüschen« zuschauen und zuhören, die da prächtig und ungebeten unter meiner Holzterrasse hervorwachsen, und wenn die Früchte reif sind, einen Teil als Pfannkuchenfüllung genießen und einen Teil den Meisen und Grasmücken überlassen.

Denn die Natur ist für alle da und nährt Leib und Seele innerlich und äußerlich.

Das Apfelbaumwunder

Obwohl wir hier am Rande der Großstadt am Wald und abseits der geschlossenen Wohngebiete geradezu paradiesisch wohnen, dringt der immer lautere Event-Dauerlärm aus dem Tal besonders im Sommer derart ohrenbetäubend vom Tal herauf, dass wir uns schließlich entschlossen, eine Wochenendbleibe in der Provinz zu suchen.

Freunde waren zuvor aus ähnlichen Gründen in ein in Natur eingebettetes Städtchen gezogen und priesen uns unentwegt die Stille dort. Zwar hatte ich viele Vorbehalte, aber schließlich wurde mir hier der Lärmdruck am Wochenende immer unerträglicher, und so griffen wir nach langem Zögern und eher halbherzig zu, als ein Häuschen neben dem der Freunde frei wurde, obwohl der kollektive Ordnungsfimmel rundum mir den Hals zuschnürte.

Mein Gott, warum sind sie nicht alle Friedhofsgärtner geworden! Vermutlich, weil man so viele gar nicht braucht, aber die unentwegt bearbeiteten Gärtchen mit den geometrisch exakten Hecken, unentwegt geköpften und beschnittenen Obstbäumchen (falls es überhaupt welche gab, denn Bäume machen ja »Dreck«) und den streichholzkurz gehaltenen Rasenstücken kamen mir wie tot vor.

Und tatsächlich schien Pflanzenmord das Allerselbstverständlichste zu sein: In unserem Grundstück war ein großer Teil unterirdisch mit einer undurchlässigen Plane erstickt, über der in dicker Schicht Rindenmulch lag, so dass um Gottes willen kein Gräslein oder gar »Unkraut« je eine Chance hatte, durchzukommen. Mit Ingrimm rissen wir die massiven Plastik-Leichentücher heraus, wo wir sie fanden, und eine unserer ersten Taten war, ein großes Vogelbad anzulegen (das sofort angenommen wurde), Büsche und Bäume zu pflanzen, teils aus unserem eigenen Landschaftsgarten ausgegraben, teils in einer nahen Baumschule erworben. Und wir ließen wachsen, wachsen, was da wachsen wollte! Was zur Folge hatte, dass aus den sterilen Hecken plötzlich uralte, kräftige Hollerbüsche und Haselsträucher ihre über so lange Zeit gnadenlos abgehackten Arme befreit gen Himmel reckten.

Mir war klar, was das bedeutete, und so nahm ich umgehend nach allen Seiten diplomatische Beziehungen zu den Nachbarn auf, erzählte, warum wir uns gern hier niederlassen wollte, bewunderte gehätschelte Rosenstöcke und baumarktbestückte Blumenrabatten, erzählte aber auch von unserem heimischen Garten und dass wir gern einmal abwarten wollten, was sich hier für einheimische Gewächse zeigten.

Warb um Einverständnis, und dass wir, falls irgendjemand etwas stören sollte, wir selbstverständlich bereit seien, sofort das Nötige zu tun, dass jeder ungehindert mit seinem Rasenmäher an der Grenze vorbeikäme usw. Mit kleinen Aufmerksamkeiten zu Nikolaus und Ostern für Kinder und Kindeskinder suchte ich gut Wetter für uns Zugereiste zu machen, und dass ich – anders als mein Nachname vermuten ließ, »Schwäbin« war und ein berühmter Missionars-Urgroßvater in der Nähe geboren war, gab mir einen gewissen Kredit.

Während wir also einerseits anfingen, das ziemlich schaurige Innenleben des Gemäuers zu bereinigen, verbrachte ich meinerseits viel Zeit mit Kommunikationsarbeit, um Unmut gegen den bei uns sich einstellenden »Wildwuchs« gering zu halten.

Aber es wuchs! Und gerade da, wo bisher nichts hatte wachsen dürfen, sprossen die dicksten, größten, schönsten

Löwenzähne, Habichtskräuter (welche die Nachbarin stundenlang aus ihrem öden Rasen herausstach) und vieles andere Unerwartete.

Meine ganze Freude aber waren drei kleine Apfelbäumchen, nach ortsüblicher Gewohnheit zwar übel beschnitten, aber voller Früchte, die sich sogar teilweise zum Einkellern geeignet zeigten. Und da mir meine heimatlichen großen »heiligen« Bäume fehlten, fing ich an, mit einem der Bäumchen sozusagen in ein persönliches Gespräch zu kommen. Wenn wir kamen, verbrachte ich eine kurze meditative Zeit mit ihm und hatte den Eindruck, ich wurde angenommen.

Derweil wuchs im Frühsommer das Gras hüfthoch und wurde erst spät im Jahr mit der Sichel geschnitten, um die Erde in der Hitze vor Austrocknung zu schützen und damit sich das Bodenleben darunter allmählich regenerieren konnte. Es entstand also mit der Zeit eine von hohen Büschen umgebene kleine Oase, während rundum die pflichtschuldigst rasierten Flächen zunehmend bräunlich und armselig aussahen, wir aber weiter den »Wildwuchs« förderten und seine immer neu sich zeigenden Wunder bestaunten, so etwa eine seltene Orchideenart, die wir kurz vorher auch zuhause entdeckt hatten.

Eine große Überraschung aber erwartete mich Anfang Juni. Am Eingang vorgefunden hatten wir einen riesigen Busch weißer Pfingstrosen. Da wir immer nur am Wochenende da waren (und zuhause eine noch größere Fülle in rosa und dunkelrot hatten), verschenkte ich rundum große und kleine Sträuße. An einem Samstagmorgen hatte ich gerade wieder einen ganzen Armvoll geschnitten und in zwei große Einmachgläser auf den Tisch gestellt, als ich gegenüber zwei der Nachbarinnen im Gespräch sah, deren Grundstücke an unseres grenzte. Rasch nahm ich die Blumen zusammen und eilte durch mein hinteres Gartentörchen hinüber und fragte die beiden, ob ich ihnen mit den Blumen eine kleine Freude machen könnte, die beide auch gern annahmen. Man schwatzte ein wenig, und plötzlich sagte die eine, von der ich wusste, dass sie stolze Besitzerin vieler Obstwiesen war und davon auch viel auf verschiedene Weisen einkochte: »Wissen Sie eigentlich, dass Sie die einzigen sind, bei denen dieses Jahr die Äpfel angesetzt haben? Alle andere in der Gegend sind erfroren oder nicht befruchtet worden.«

Ich war platt. Ausgerechnet *unsere* »ungepflegten« Bäumchen (die mittlerweile unbeschnitten nach allen Seiten ausgeschlagen hatten)?

Mir fiel keine Antwort ein – ich war buchstäblich sprachlos, staunte, denn ich hatte diesen Morgen noch gar nicht recht hingeschaut.

Jetzt aber ging ich den kurzen Weg wie in Trance zurück und machte zuerst einmal die Runde: Ja, es stimmte! Alle drei hingen übervoll – genauso, wie sie auch geblüht hatten!

Ich hätte auf die Knie sinken mögen, neigte demütig mein Haupt vor jedem und dankte den »Naturgeistern« oder was es auch immer war, das hier inzwischen eingezogen war.

Die wohlondulierten Nachbarsdamen aber mähen nach wie vor ihre armen Rasen, stechen sorgfältig Ränder ab und jedes »Unkraut« aus und dekorieren ihre Vorgärten mit Pflanzschalen, wie sie vermutlich auch die Gräber ihrer einheimischen Vorfahren zieren.

Ich aber zweifle nicht, dass in unserem Wildwuchs" vegetative Elementarkräfte samt einer beträchtlichen Insektenschar seelische Heimat gefunden haben. Und dass sie sich durch ihre Dichte gegenseitig stärken und schützen, und so auch Frostnächten etwas entgegenzusetzen haben.

Wer jedoch zweifeln will, soll das ruhig weiterhin tun.

Wie sich uns geheimnisvolle Naturwesen zeigen können

Ist es Ihnen schon mal passiert, dass Sie einfach so, ohne jede Absicht, etwas Bestimmtes zu betrachtet, ins Grüne geschaut haben – und plötzlich im Buschwerk glaubten eine Art Gesicht zu sehen, einen Kopf aus Laub, Gesicht aus Blättern, das Sie anzuschauen schien?

Dann haben Sie vielleicht das Glück gehabt, dass sich Ihnen ein Naturgeist gezeigt hat. Vielleicht hat er Ihnen sogar zugezwinkert – oder aber ein Windstoß hat seinen Blick plötzlich grimmig erscheinen lassen, oder er ist gleich wieder verschwunden, und sie haben's für eine Fantasie gehalten. Es kann aber auch sein, dass die Erscheinung bestehen blieb, vielleicht den ganzen Tag über, und wenn Sie am nächsten Tag wieder auf die Stelle schauten, war das Gesicht wieder da, als hätte es eine Botschaft für Sie.

Und diese Botschaft kann eine ganz einfache sein und heißen: Schau, wir in er Pflanzenwelt haben genauso eine Seele wie du auch. Schon allein darum, weil wir zusammen der gemeinsamen großen Seele angehören, welche alles in der Welt belebt.

Wenn Ihnen so etwas schon einmal widerfahren ist, dann haben Sie etwas erlebt, was von der Antike bis zum Mittelalter für viele eine Selbstverständlichkeit war, nicht nur für Hildegard von Bingen und den Heiligen Franziskus, und das sich auch in der kirchlichen Architektur weit über die Gotik hinaus ihren klaren Ausdruck fand. Nicht nur in wunderbaren Pflanzenornamenten mit denen Altäre, Kanzeln, Lettner, Gestühl, geschmückt waren, sondern auch in ganz besonderen, den Kunstgeschichtlern bis heute rätselhaften Mischfiguren und in Stein gehauenen Köpfen. Zunächst wollte man sie nur an den Portalen genauer ins Auge fassen, da sie oft auch dämonisch erscheinende Züge trugen. Man erklärte dann rundheraus, dass diese Figuren sozusagen in unheilabwehrender Absicht dort platziert worden seien, um »böse Geister« daran zu hindern, in die heiligen Räume einzudringen.

Ich hatte mir darüber bei einem Symposion von Symbolforschern nach einem Vortrag eines bekannten Mittelalter- und Mystikforschers eine Viertelstunde lang ein heftiges verbales Scharmützel geliefert, das ihn sehr verstimmte. Aber ich beharrte auf meiner Beobachtung, dass diese variationsreichen Gestalten ja auch die verschiedensten oft sehr markanten Orte *innerhalb* der Kirchenbauten bevölkerten. Und das zwar durchaus auch mit »dämonischem« Ausdruck in versteckten Ecken und Winkeln, als seien sie dorthin verbannt worden. Aber genauso auch an wichtigen, prominenten Stellen wie etwa an Kapitellen, oder als Sockel tragenden Gewölbes oder sogar über den Häuptern der Gläubigen schwebenden Schlusssteinen, wo ihnen ebenfalls besondere Bedeutung zukommt.

Gewiss hatte der prominente Forscher recht, da ss ich die Dämonenfurcht des mittelalterlichen Menschen unterschätzte. Aber meiner Ansicht nach unterschätzte er andersherum ihren tiefverwurzelten Glauben an die göttliche Beseeltheit der Naturkräfte, die auf diese Weise ihren Platz bekamen innerhalb einer himmelstrebenden Heiliggeistorientierung, der den Christenmenschen schon damals immer mehr von der Erde entfernte.

Ein Jahr später trafen wir uns wieder, und ich war sehr überrascht. Er hatte in der Zwischenzeit zwei Studentinnen für Dissertationen gewonnen, die zu ähnlichen Schlüssen zu kommen schienen wie ich, und es spricht für seine Offenheit, dass er mir nun entgegenkam und vieles bejahte, was er zuvor abgelehnt hatte. Da wir auf der Rückfahrt von der Tagung im selben Zug saßen, haben wir uns noch recht erfreulich darüber unterhalten können.

Mein Mann und ich setzten unsere Erkundungsfahrten jedoch fort, zunächst in den Ferien immer weiter nomadisierend durch Frankreich, wo wir unendlich viele eindrucksvolle Bildwerke an den unwahrscheinlichsten Orten fanden, besonders kaum aufzufindenden Kirchlein in wild zerklüfteten Landschaften. Dort, wo in tiefen Taleinschnitten Bächlein bei Gewitterstürmen unversehens zu lebensgefährlich anschwellenden Sturzfluten anschwellen können, war auch unmittelbar sinnfällig, wie zwiespältig das Gesicht sein kann, das die Seele der Natur dem Menschen zeigen kann und dass es eine Frage der Klugheit ist, dieser unbeherrschbaren Macht mit Achtung Tribut zu zollen. Denn kommt sie nicht aus demselben Ursprung wie wir selbst? Was berechtigt uns, zu tun, als könnten wir sie mit unserem bisschen Technik austricksen oder ignorieren, oder sie aus unseren einseitig und steril gewordenen Glaubensvorstellungen verbannen?

Die Klimakatastrophen und Naturereignisse der letzten Zeit sprechen eine andere Sprache. Trotzdem tun wir noch immer so, als könnten wir mit ein wenig »innovativem« Management weitermachen wie immer. In der Politik tägliche inhaltsleere Sprechblasen, in den Kirchen fromme Sprüche, welche die letzten denkenden Individuen in die Flucht schlagen. Durchaus auch nette kleine Natur-Aktiönchen mit Kindern.

Ich dagegen stelle mir gern vor, was in einer Kirchengemeinderatsversammlung los wäre, wenn man ernstlich vorschlagen würde, die verbliebenen pastellig-langweiligen Kirchenräume ernsthaft mit all dem auszustatten, mit dem man einst der Natur Gewicht und Ehre gab: Blattwerkumrankte Säulen aufzubauen mit Kapitellen, die mit rätselhaft bevölkerten Baumkronen an die alte Heiligen Bäume erinnern, aus deren numinosem Rauschen man sie Stimme der allerschaffenden Götter erlauschen kann, durchaus auch grimmig beseelte, nicht ganz geheure »Laubköpfe« in den Winkeln über dem Altar und was immer sonst noch dazugehörte in den alten Zeiten, als man die Naturkräfte noch ehrte.

Wetten, welche aus tiefstem Seelengrund aufsteigende Empörung dies auslösen würde? Vielleicht plötzliche Wutausbrüche bisher fromm gebügelter Damen und Herren, die das alles für einen Rückfall in archaische Zeiten und »Animismus« halten würden! Wir sind doch so »aufgeklärt« und wissen, dass dies alles nicht mehr zeitgemäß ist!

Sie haben ja recht, die frommen Empörer. »Zeitgemäß« ist ein von allem Untergründigen gereinigten Glaubensbild – zeitgemäß sind unsere verdurstenden Wälder, vergiftete Äcker, Insektensterben tierquälerische »Fleischproduktion«, zunehmende Gewalttätigkeit verödeter Seelen, und die Religion säuberlich gestutzter Hecken um den betonierten Autoeinstellplatz für den neuesten SUV und das lärmintensiv getunte Motorrad mit lastwagenbreiten Reifen. Und zeitgemäß sind auch die sonntäglichen Rudelausflüge in die immer noch als heilsam empfundene Natur, inzwischen allerorten zurechtgestutzt, »premium«-gestylt und möbliert und pädagogisch ausgeschildert. Man darf dort seiner Seele etwas Gutes tun – zumindest, solange es solche Reservate noch gibt ...

Wie es »der Natur« damit geht, dass sie zur verfügbaren Freizeitware degradiert worden ist, fragt keiner mehr, selbst wo sensibel gebliebene Forstleute über die touristisch verursachten Zerstörungen klagen.

Seien wir aber nicht zu streng mit den Sonntagswanderern: Letztendlich lebt in ihrem Naturbedürfnis doch unbewusst ein religiöses Gefühl dafür, dass »Natur« niemals nur »natürlich« ist, sondern mit einer immateriellen seelischen Kraft und Bedeutung erfüllt, die wiederum die rational vertrockneten Menschenseelen beleben kann. In jedem Baum, in jedem Kraut und Blümlein am Wegesrand. Und vielleicht sieht der eine oder andere Wanderer, der sich still an einen Waldrand setzt, unversehens aus einem von jungen Buchensprösslingen durchwachsenen Farnbüschel ein grünes Gesicht herauslugen, das ihm zunickt im Sommerwind ...

Grün, die Farbe des Lebens, des Geistes, der Seele

Grün – wie oft habe ich schon darüber geschrieben, meditiert, wieder geschrieben! In fast allen meinen Büchern – jeweils wieder in anderen Zusammenhängen – habe ich versucht, die tiefgründige Bedeutung dieses uns so alltäglich erscheinenden Gewandes, in dem sich uns Natur und Leben, Geist und Seele zeigen, nahezubringen. Das hat nicht erst mit meinen Büchern über die Geschichte der Hoffnung angefangen (2008/2010). Doch dort sicherlich zum ersten Mal darauf hingewiesen, dass nicht nur auf Münz-Darstellung die Personifikation der Hoffnung mit einer sich entfaltenden Pflanze dargestellt ist. Denn ohne grünende Pflanzen – das wird selbst den Dickfelligsten in Zeiten einer drohenden Klimakatastrophe deutlich, sind wir verloren! Und jedes noch so bescheidene grüne Pflänzlein, jedes grüne Blatt zählt!

Haben Sie schon einmal darüber nachgedacht, dass es ohne den subtilen Verwandlungsprozess von Sonnenlicht in grünende Pflanzenkräfte überhaupt kein Leben auf der Erde gäbe? Dass mit dieser uns so selbstverständlich vorkommenden Umwandlung von Nichtorganischem (Sonnenlicht) in wachstumsfreudige Grünorganismen das, was wir »Leben« nennen, auf der Erde erst beginnen konnte? Nein, ich will sie nicht mit den komplizierten chemischen Prozessen langweilen, die tagtäglich in jeden grünen Blättchen vorgehen, das dadurch zu einem wahren Lebens-Reaktor wird, wie ihn der Mensch gar nicht so raffiniert ersinnen könnte. Und damit zur Basis für alles, was auf der Erde einst entstanden ist und auf das wir angewiesen sind. Jedenfalls: Wenn Sie das nächste Mal in einem Fünfsternelokal auf einem Riesenteller ein Maulvoll preisgekrönter Mousse von irgendwas, mit der Pinzette kunstvoll verzierter Vorspeise vor sich haben – denken Sie daran, dass nichts davon Ihren verwöhnten Gaumen kitzeln könnte, wenn nicht in unvorstellbar langen Vorzeiten die grandiose »Innovation« der Photosynthese grüne Pflänzlein hätten wachsen lassen. Die dann wiederum die Lebensgrundlage bildete für alles, was auf diesem Planeten weiterhin entstehen konnte: Die ungeheure Vielzahl pflanzlicher und tierischer Arten und schließlich ihrer werten menschlichen Person, die hier sitzt und kostbare, teure Küchenkunst genießt. Dabei spielt es keine Rolle, dass das vor Ihnen auf dem Teller auch ein deftiger Rostbraten sein kann oder ob sie in einem kultigen veganen Restaurant sitzen: Basis für Sie selbst, für alles, was sie vor sich und um sich haben, Koch, Kellner und Sie selbst mit eingeschlossen, ist das Grün. Das Grün, das Sie vielleicht noch ein paar Stündlein zuvor mit dem elektrischen Rasenmäher zu sogenanntem »Rasen« (von lat. *radere* = abhobeln, abschaben) rasiert und verstümmelt haben, ohne die Schreie der verletzten Pflänzlein zu hören. Man macht das halt so, die anderen machen's ja auch. »Denn sie wissen nicht, was sie tun« (Lk 23,34) sagt schon Jesus, die gefolterte, gekreuzigte Weisheit vom Kreuz herab.

Lassen Sie es sich schmecken – aber denken Sie vielleicht nicht nur beim Sonntagswandern darüber nach, sondern vor allem vor dem Rasenmähen – dann besteht noch Hoffnung!

Grün, die bedeutungsvollste und zugleich scheinbar selbstverständlichste aller Farben: Selbst in den kirchlichen liturgischen Gewändern ist sie die Alltagsfarbe. So, wie es für uns selbstverständlich ist, dass selbst aus den landwirtschaftlich misshandeltsten Äckern eines Tages dann doch (wie lange noch?!) wieder Grünes sprießt – die Nahrungsgrundlage für alles Lebende und Grundlage vieler medizinischer Heilmittel, wie man vermutlich seit der Entstehung der Menschheit weiß. Und doch mit Füßen getreten ...

Wer weiß denn schon, dass das mit Füßen Getretene, achtlos verschnittene oder abgerissene Grüne physikalisch gesehen, Träger der höchsten Energie ist, die uns das sichtbare Licht durch die Natur schenkt! Heilung auch für unsere beschädigten Seelen, so ganz nebenbei, ohne theatralischen Inszenierungen! Dass es sozusagen die stille Mitte aller Lebensvorgänge ist, im Menschen des Vegetativums, das sich mit jedem Atemzug auflädt, auch ohne alle gymnastisch ausgefeilten Übungen, seelisch sensible Körper- und Geistzentrale!

Lange, lange besingen die Dichter sie schon als Quelle aller Inspiration, und wohl keine unter den Mystikern hat sie so überschwänglich gefeiert wie Hildegard von Bingen die »heilige viriditas«, Die alles beseelenden Grünkraft, die darin den göttlich schaffenden Heiligen Geist selber sah. Ich habe an anderer Stelle darüber schon so ausführlich geschrieben in verschiedensten Zusammenhängen (2008, 2016, 2023), dass es mir wohl zu einer Art wegweisendem Lebensthema geworden ist, immer und immer wieder darum zu kreisen. Und vielleicht ist das auch kein Wunder, denn in einer schweren Lebens- und Sinnkrise, weit entfernt von allem religiösen Halt, hatte ich einmal einen Traum, dessen Bedeutung ich erst fast ein halbes Jahrhundert später ahnungsweise beginne zu erfassen.

Lange war ich zu befangen, ihn irgendjemand zu erzählen. Doch ist inzwischen so viel Zeit vergangen und ich meine wenigstens ein kleines Bedeutungszipfelchen erhascht zu haben, dass er hier ruhig stehen darf.

Eigentlich ist er kurz erzählt, denn »griffig« beschreiben kann ich das Ganze heute noch nicht. Ich sah in diesem Traum, beweglich auf und niederschwebend über mir wie auf Notenlinien mehrere Wesen, die an »Engel« erinnerten, aber in der Gestalt stark von üblichen Darstellungen abwichen. Etwas Formveränderliches, Protoplasmaartiges war ihnen eigen, dennoch bewegten sie sich mit Flügeln auf und nieder. Dabei ging ein wunderbares Tönen von ihnen aus, und sie schillerten in allen Regenbogenfarben. Unveränderlich aber war allen in der Mitte eine Art »grüner Blutkreislauf« eingeschrieben wie ein vielfach verschlungenes Pflanzgewächs, das in einem großen grünen Auge mündete.

Ich träumte, staunte, sah und hörte – und begriff *nichts,* aber auch gar nichts. Aber gab es da auch überhaupt etwas zu »begreifen«? Was ich sah und hörte, war einfach da und war ein Zeichen. Die »Engel« tanzten und sangen meine Lebensmelodie. Das war die Botschaft.

Und zugleich war es wohl die Lebensmelodie von uns allen, auf die wir hören sollten. Wir müssen uns besinnen auf die geist- und seelentragende Energie im Innern allen Lebens, ohne die alles Werdende und Bestehende, das ganze Getue und Gemache, mit dem wir uns »groß« und wichtig machen wollen (samt uns selber), in einen bodenlosen Abgrund stürzen würde.

Denken Sie daran, bevor Sie das nächste Mal ihren Rasen mähen, »Unkraut« ausstechen, Hecken mit dem Lineal schneiden, Bäumen die Arme absägen: Jeder Halm, jeder Zweig, jedes grüne Blatt ist ein geist- und seelentragendes Wunder, das Sie und die Welt am Leben hält ...

TEIL III

Die Seele der Dinge

Jedes Kind würde der Versammlung von kleinen Dingen am oberen Rand meines Schreibtischs sofort ansehen, dass das eine lebendig beseelte Gesellschaft ist und womöglich gleich anfangen, seine Spiele damit zu spielen. Auch die anderen Dinge auf den Simsen, bizarre Schwemmhölzer, bemalte und unbemalte Steine, Kristalle, Figürchen, Tonscherben – alles könnte sofort lebendig werden in einer spontan erfundenen Geschichte. Kein Kind hätte Mühe, all diese Dinge vom gleichen Hauch belebt zu sehen, wie es selber. Wogegen mancher tüchtige Erwachsene sagen würde: Da müsste man aber ausmisten ...

Wann haben wir verlernt, dass »Seele« nicht teilbar ist?

In meinen vollen Bücherregalen steht ein Buch, das ich keinesfalls »ausmisten« würde: *»Hundert Jahre Psychotherapie, und der Welt geht's immer schlechter«* von James Hillman und Michael Ventura. Hillman ist einer der originellsten Schüler C. G. Jungs, Ventura Schriftsteller, und das Buch beginnt damit, dass die beiden Freunde am Sancta-Monica-Pier in Kalifornien entlanggehen, wo der grelle Freizeit-Rummel der Wegwerfgesellschaft bruchlos mit dem Elend der Randexistenzen zusammentrifft.

Die Psychotherapie ist seither noch 30 Jahre älter geworden, aber an der Szenerie, welche die beiden vor Augen haben, dürfte sich wenig geändert haben – es gibt sie in 1001 Variationen. Jedenfalls veranlasst sie Hillman und Ventura zu folgendem Gespräch.

Hillman: *„Wir haben hundert Jahre Psychoanalyse hinter uns … und der Welt geht es immer noch schlechter … Wir sehen die Seele noch immer innerhalb der Haut. Man geht nach innen, um die Seele zu finden … Wir arbeiten unaufhörlich an unseren Beziehungen, an unseren Gefühlen … aber dabei übergehen wir etwas.*

Was übergangen wird, ist der … Zustand der Welt … Weil die Psychotherapie sich immer nur mit der ‚inneren' Seele beschäftigt. Indem sie die Seele aus der Welt herausnimmt und nicht erkennt, dass die Seele auch in der Welt ist, kann die Psychotherapie nicht funktionieren. Die Gebäude sind krank, die Institutionen sind krank, das Geldsystem ist krank, die Schulen, die Straßen … das Meer da draußen ist krank, der Fisch ungenießbar."

Darauf Michael Ventura: *»Wie wenn wir den Geist in den Dingen geleugnet hätten und der beleidigte Geist als Bedrohung zurückkommt. Weil wir die Seele der Dinge geleugnet haben, zu den Dingen gesagt haben … ‚Ihr habt keine Seele' haben sich die Dinge umgedreht und gesagt: ‚Pass nur auf, WAS wir für eine Seele haben, ihr Idioten.'«*

Inzwischen könnte wirklich der letzte »Idiot« begriffen haben, wie die *Seele der Dinge,* die wir ihnen nicht zugestehen wollen, sich »umgedreht« hat und zur existenziellen Bedrohung für alle geworden. Aber noch immer weigert sich die Mehrheit, die Folgen wirklich wahrzunehmen und ernstlich Konsequenzen zu ziehen.

Man schickt die Sensibleren mit ihren berechtigten Angstzuständen, psychosomatischen Leiden und Depressionen in Psychotherapie oder gar Psychiatrie, ersinnt neue Kurztherapie-Techniken (gesund in 7 Schritten ...) um die Menschen möglichst schnell wieder als »Humankapital« funktionsfähig zu machen, aber man hat vergessen, dass »Seele« eben tatsächlich nicht etwas ist, was sich nur *»innerhalb* der Haut« befindet, sei es Mensch, Tier oder Pflanze. Man hat vergessen, was die Alten noch wussten, dass Innen und Außen unauflöslich verbunden sind, schon durch ihre Entstehungsgeschichte. Der Naturwissenschaftler und Philosoph Rupert Sheldrake hat das einst in die kurze Formel gefasst: »Die Seele ist ein Feld«.

Auch ohne nun sofort zu erklären, was Sheldrake unter »Feld« (ursprünglich ein Begriff aus der neueren Physik) ist, wird mit diesem Satz jedem wohl zumindest ahnbar, dass »Seele« eben weder innerhalb bestimmter Grenzen und exklusiv verortet werden kann noch auf ein Subjekt oder Objekt begrenzbar. Also ist nichts in der Welt »nichts als«, nichts ist banal. Sondern alles im Universum ist kostbar und hängt miteinander so unauflöslich zusammen, dass das ganze Universum auch in jedem »Ding« enthalten ist!

Ist Ihnen das »zu hoch«? Zu »abgehoben«?

Dann frage ich: Haben Sie denn schon einmal überlegt, woraus so ein weggeworfener Becher, so eine ramponierte Fast-Food-Verpackung besteht?

Richtig. Selten besteht sie aus etwas, was wir als »natürlich gewachsen« ansehen würden, also aus einer der Substanzen, die wir als *organisch* bezeichnen würden.

Aber woraus besteht der Mensch denn selbst?

Besteht er nicht ebenfalls aus all den winzigsten Elementen, die vom Anfang unseres Universums schon da waren?

Grob gesagt: Aus anorganischen, sogenannten chemischen und elektronischen Miniteilchen – denselben, die wir im ganzen galaktischen Universum auch finden, auch im Wegwerfbecher.

»Wir sind Sternenstaub«, lautet einer der eingängigsten Buchtitel des erfolgreichen Schriftstellers Lorenz Marti. Das hat zugleich Poesie – beinhaltet aber auch die ernüchternde Feststellung, dass wir, materiell gesehen, aus nichts anderem bestehen als jeder Schotterbrocken am Straßenrand, jede sogenannte Kunststoffverpackung. Und dass wir, wenn unsere *Seele* uns eines Tages verlässt, uns schlichterdings wieder auflösen in die ununterscheidbaren Kleinstäubchen organischer Substanz, egal ob über eine konventionelle Erdbestattung, in der alles ein wenig langsamer vonstattengeht, oder über das Verbrennen zu Asche oder Verstreuen in Gebirge oder Meer. In jedem Fall kehren wir materiell zurück in Universalzusammenhänge, denen wir von Anfang an angehören. Ganz genauso übrigens wie auch jede noch so künstlich hergestellte giftige Substanz, die inzwischen in winzigen Plastikteilchen unsere Meere verschmutzt, Pflanzen und Tiere tötet und alles krank macht, was uns umgibt, uns selbst eingeschlossen.

Wir wissen das längst – aber warum machen wir es trotzdem weiter?

Weil wir der Welt die Seele abgesprochen haben, den Tieren, Pflanzen, dem Wasser, dem Himmel, der Erde, den Steinen und Dingen – ganz so, wie es James Hillman und Michael Ventura bei ihrem Gang an der Pazifikküste nicht nur sehen, sondern auch zutiefst empfinden.

Denn die Seele ist ein *Feld,* ein unteilbares Gewand des Seins, keine »Privatsache« des Menschen. Sie lebt in allem, um uns herum und wirkt auf uns zurück.

Wir sind Wunder, aber nicht nur Sternenstaub, sondern auch der ganze Dreck und Müll, mit dem wir die Dinge langsam, aber sicher vergiften bis zu dem Punkt, wo diese sich ganz offensichtlich längst bedrohlich umgekehrt haben, und in deutlicher Sprache sagen: *»Pass nur auf, WAS wir für eine Seele haben!«*

Aber wer hört's?

Mythos und Realität der Seele in allem

Damit wird vom Mythos zur Realität, dass die himmlische Weisheit, die *Anima Mundi,* die allem in der Welt Hauch, Seele, Gestalt gibt, schon in den Sprüchen Salomos den Menschen beschwörend zur Umkehr ruft und in einem Text aus dem 14. Jahrhundert erschütternd klagt: *»Die Erde ist verdorben in meinen Werken, indem Finsternis war über ihr ... und meine Substanz nicht erschlossen worden ist.«* (C. G. Jung, GW 14/III, S. 110)

Ja, es ist die »nicht erschlossene Substanz«, unser Mangel an klarem Verstehen, der uns hindert, zu sehen, wie alles von allem abhängt, weshalb wir immer noch so tun, als hätten wir Menschen unbeschränkte Verfügungsgewalt über alles und seien den »Dingen« und unseren Lebensgrundlagen turmhoch überlegen.

Gut, vielleicht lassen wir uns so weit herab, dass wir Tieren und (mit Vorbehalt) Pflanzen eine Seele zuerkennen können.

Aber nun auch noch Dinge, womöglich ganz banale »Wegwerfdinge« – geht das nicht ein bisschen zu weit? Das würde ja bedeuten, dass wir ganz anders mit all dem, was wir täglich gedankenlos benutzen, umgehen müssten! Bleib mir weg mit solch »esoterischem« Geschwätz!

Und doch – seien wir ehrlich – haben nicht Sie vielleicht auch irgendeine Lieblingstasse, mit der es eine ganz eigene Bewandtnis hat?

Ich beispielsweise habe eine solche Tasse, aus der ich gerade meinen Tee trinke. Umgeben von reichen Ornamenten, schmückt ihr Äußeres ein kleiner grüner Elefant mit erhobenem Rüssel – und derselbe schaut mir ja auch vom Schreibtischrand herüber und auch noch einmal von der weiß glasierten Innenfläche der Tasse entgegen! Eine gute Freundin hat sie mir geschenkt aus Begeisterung über ein Märchen, das ich einmal geschrieben habe. Dort trägt ein grüner Zauberelefant ein kleines Mädchen auf einer abenteuerlichen Reise durch den ganzen Tierkreis. Vermutlich wäre das Werklein in meinem Bewusstsein längst in tiefste Tiefen versunken – wenn es nicht täglich durch meine »Elefantentasse« und den Jade-Elefanten auf meinem Schreibtisch in meiner Seele neue Lebendigkeit verbreiten würde!

Ich höre die Einwände: Ist das nun nicht »reine Projektion«, wenn ich dieser Tasse (zuvor natürlich schon dem stummen Jade-Elefanten) vermeine, eine Beseeltheit zusprechen zu müssen?

Rückfrage: »reine Projektion« – was soll das sein?

Eine Projektion braucht ja sozusagen einen »Sender«. Das hieße, wenn ich nun ein »Ding« als beseelt bezeichne, wäre es meine eigene Seele, die ich dorthin »hinauswerfe« und die sich mir gewissermaßen zurückspiegelt – eine Illusion, eine Täuschung?

So hat man unseren Verstand seit Jahrhunderten programmiert. Doch das Unnennbare, das die Welt beseelt, und die Seele innerhalb unserer Haut sind nicht getrennt. Ohne den Impuls des ersten Anfangs, woher auch immer er gekommen sein mag, ohne den Atem, der seither die Evolution am Laufen hält, gäbe es weder Welt noch die Hirn- und andere Forscher, die alles zu wissen glauben und in Einzelteile sortieren.

Ich bleibe dabei: Die Seele, diese ungreifbare alles bewegende Lebenskraft ist ein Feld mit kosmischer Ausdehnung. Wir können nichts »projizieren«, mit dem wir nicht längst schon in Verbindung stehen. Alles ist immerzu mit allem insgeheim im Gespräch – aber wir haben verlernt, genau hinzuhören. Wir hören nur noch den Lärm, den wir selbst machen, und halten alles, was erfunden wird, für *unsere* Erfindung. Aber woher kommen die »Einfälle« dazu? Warum halten wir uns für die grandiosen Willkür-Herrscher über die Dinge – anstatt ihnen zuzuhören, sie aufmerksam und empathisch zu betrachten, auch die Schäbigsten zu befragen nach ihrem Wert, ihrer Besonderheit, und ohne ihnen durch aufmerksame Zuwendung Bedeutung zu geben?

Peter Handke, dieser leidenschaftliche Liebhaber alles Unscheinbaren, Übergangenen, paraphrasierte in seinem Buch *»Vor der Baumschattenwand nachts«* einmal ein Jesuswort so: *»Was ihr dem geringsten der Dinge getan habt, das habt ihr der Welt getan. Und was ihr dem Geringsten der Dinge angetan habt, das habt ihr der Welt angetan.«*

Ich hatte über vierzig Jahre das Glück, eine Nachbarin mit viel Fantasie und dieser besonderen Leidenschaft und Liebe zu Dingen zu haben, die andere für wertlos hielten. Und die ihnen spielerisch »Gutes getan« hat, zu neuer Würde verhalf.

Davon will ich jetzt erzählen.

Wenn Dinge zu uns sprechen

Meine Nachbarin lebte noch weit über ihr achtzigstes Jahr hinaus das ganze Jahr in einem riesigen Garten mit mehreren heruntergekommenen Gartenhäuschen und vielen, vielen »geringen« Dingen. Es gab keinen Strom und nachdem eins der Häuschen in Flammen aufgegangen war und die Wasserleitung hätte erneuert werden müssen, auch kein Wasser. Gartennachbarn halfen aus, zum Baden und Duschen ging sie ins Hallenbad, war immer adrett und gut frisiert, und vor dem größten Häuschen hing immer frisch gewaschene Wäsche. In dieser Hütte, vollgestopft mit Decken, Bettzeug, Kleidern, schlief sie auch. Nachdem sie begonnen hatte zu malen, ließ sie sich anstelle des abgebrannten ein »Atelier« zimmern. Doch auch dieses füllte sich schnell mit Gesammeltem, Malzeug, Bildern, Büchern, ließ kaum mehr Platz zum Sitzen und Malen. Aber ohnehin saß sie meistens im Freien davor, ob zum Malen oder Lesen. Zu ihrer Residenz gehörte auch noch eine bizarre Zelthöhle unter vielen Schichten Plastikfolie, die als Küche diente.

Irgendwo gab es auch eine richtige Wohnung mit Waschmaschine und Postadresse, die sie ab und zu aufsuchte. Aber ich vermute, dort leben konnte sie auch nicht mehr. Möglich auch, dass ihr cholerischer Gatte schon mehrmals Konflikte handfest und folgenreich ausgetragen hatte: Seine Nase stand schief.

Doch waren beide keineswegs ungebildet. Er sprach (nüchtern) ein bühnenreifes Deutsch und beide waren beneidenswert polyglott. Madame arbeitete in jüngeren Jahren noch als gut bezahlte Fremdsprachensekretärin bei einem großen Unternehmen und verließ frühmorgens ihre Wildnis gepflegt und geschmückt wie aus einem amerikanischen Film der 50er-Jahre: nie ohne Hut und Stöckelschuhe, bei Schnee konnte ich den Abdrücken ihrer High Heels zum Bus (immerhin etwa 400 Meter ungeräumter Feldweg) folgen. Es war mir immer ein Rätsel, wie sie da, ohne zu schlittern und ohne nasse Füße, durchkam – ich hatte dicke Winterstiefel an und wechselte die Schuhe erst bei Ankunft an meinem Arbeitsplatz.

Gefragt nach der Vergangenheit habe ich sie nie, das wäre mir distanzlos vorgekommen. Aber klar war: Die beiden hielten es in bürgerlicher Umgebung einfach nicht aus. Als Rentner waren sie später entweder auf Tour im geliehenen Wohnwagen durch die Ostländer oder durch Amerika, oder hausten auf einem Campingplatz »à la ferme« in Frankreich, wo der Mann auch starb, vermutlich an seiner Liebe zu Hochprozentigem. Danach zog seine Frau samt zwei Katzen (von denen eine mir blieb) endgültig hierher und wir wurden gute Bekannte, die sich gegenseitig besuchten und schätzten und ihre Katzen gegenseitig betreuten. Ich hatte nie eine witzigere, intelligentere und fantasievollere Scrabble-Partnerin, zudem fand ich in ihr eine seltene Mischung aus Damenhaftigkeit, unerschrockener und mundfertiger Mutter Courage und Künstlernatur. Ich freute mich immer, sie frühmorgens pfeifen zu hören.

Und wir beide liebten seltsame Dinge und unsere großen Gärten. Andere mögen den ihren schon von außen für ein hoffnungslos verwildertes Messie-Areal gehalten haben. Wer sich jedoch vorurteilslos durchs Gartentor traute und dem verschlungenen Pfad unter dichten, dunklen Hasel- und Buchsbaumsträuchern aufmerksam folgte, sah sich in einem Märchenland: Überall kleine steinumlegte Rondells, in deren Mitte skurrile Figuren, behängt mit Perlenschnüren, oder Dekor aus fein verarbeiteten Verpackungsresten zu kleinen Heiligtümern arrangiert waren. Es gab altarähnliche Inszenierung für leicht beschädigte Plastikengelchen, pompös gekrönte Stelen, halb im Gebüsch versteckt, von den tiefhängenden Zweigen baumelten glitzernde, regenbogenfarbige CD-Scheiben im Wechsel mit Muschelketten, irgendwelchen Nippes, altmodischen und absurden Kitschfiguren, die so inszeniert aber wirkten wie sakrale Boten aus einer anderen, höheren Welt.

Nichts war zu wertlos, zu schäbig, um nicht irgendeine bedeutungsvolle Aura verliehen zu bekommen, und meine Nachbarin widmete sich dieser Verwandlung mit ernsthaft-heiterer und spielerischer Hingabe.

Woher sie die Preziosen hatte? Ganz einfach: Ihre vormittägliche Lieblingsbeschäftigung war, unten im Ort durch Supermärkte und caritative Institutionen oder Flohmärkte zu bummeln, wo die Leute loswurden, was sie an Geschmacklosigkeiten nicht mehr haben wollten.

Zu meiner Nachbarin jedoch *sprachen* all diese Dinge – längst bevor auch ein Uneingeweihter die darin schlummernden Möglichkeiten und sprechende Lebendigkeit erfassen konnte: Vermittelt durch ihren besonderen Blick, ihre seelische Empfänglichkeit, ihre Fähigkeit, sie aus ihrer reinen Objekthaftigkeit zu befreien, ihren Sinn für die darin sich zeigende Seele. Und sie gab diesen Seelen einen feierlichen Sinn, nicht ohne sich selbst über dieses Tun zu amüsieren.

Klar, der Vorwurf, »nichts als Projektion« klingelt mir in den Ohren. Wie soll denn solch unbelebter Ramsch »Seele« haben?

Aber fragen wir doch einmal andersherum: Was ist es denn, was in ihm – in jedem Ding, auch wenn lieblos industriell gefertigt, in *Erscheinung* tritt? War nicht noch *vor* der »Her-Stellung« auch nur des banalsten Gegenstands, ein Gedanke, eine Idee, ein sozusagen »rein geistiger« Impuls, eine Imagination, eine Bildvorstellung (gr. *eidos,* also Idee), die sich dann Schritt für Schritt materialisierte? Und ist nicht an jeder Idee, jeder Bildwerdung unsere Seele beteiligt, als eine gemüthafte Lebenskraft, welche erst Gestaltwerdung ermöglicht? Und von der dann zu guter Letzt eine geheimnisvolle Anziehungskraft, ein Resonanzfeld ausgeht, das uns seelisch berührt? Kein Kunstwerk würde uns beeindrucken, wenn es anders wäre!

Und warum sollte, was für ein Kunstwerk und seine Resonanz gilt, nicht auch bei scheinbar trivialen Dingen einen Widerhall finden? Und dass diese innere Verbindung von Geist und Materie, welche die Seele schaffen kann, auch bei banalem, womöglich angeschlagenen Zeug, nichts wert ist, und unser Umgang damit wertvoll für die Welt?

Meine Nachbarin hat sich dafür Zeit genommen, ihre kleinen Heiligtümer einzurichten, die man nur entdecken konnte, wenn man sich selbst Zeit nahm, eine seelische Bereitschaft mitbrachte, um zu entdecken, zu betrachten, dem verborgenen Geheimnis der Dinge nachzuspüren, auch wo der bürgerliche Blick zunächst nur eine kuriose Müll-Sammlung sah ...

Jetzt ist Frau W. fast neunzig und nun doch in eine kleine Wohnung im Haus ihrer Tochter gezogen. Zum Geburtstag, zu Weihnachten und Ostern bekomme ich immer noch kleine gemalte Kunstwerke von ihr. Manchmal telefonieren wir. Ich vermisse sie. Vielleicht kommt sie dieses Jahr vorbei. Hoffentlich. Ihr Garten bewahrt die Seele von Dingen und macht sie zu weltlichen Heiligtümern.

Einfach nur Straßenschotter oder Faszination Stein

Eine meiner kindlichen Vergnügungen besteht darin, kleine Steine zu bemalen. Nein, keine erlesenen mechanisch rundgeschliffenen Kiesel, wie sie die Leute rund um ihre proppe-ren Häuslein liegen haben (warum eigentlich? Der Sinn ist mir nie aufgegangen). Vielmehr wühle ich gern in ganz kommunem Schotter, diesem unansehnlichen, gröblich misshandelten und geschredderten Füllmaterial aus der Bauwirtschaft. Ja ich knie geradezu davor, halte Ausschau nach besonders bizarren Stücken, vielleicht noch mit Spuren der Zerkleinerungsmaschinen, die ihnen noch in der Zerstörung ein besonderes Zeichen eingegraben haben. Jedes Stück, dass sich meine Hand intuitiv gegriffen hat, schaue ich genau an, von allen Seiten, lange und genau – bis sich mir plötzlich etwas zeigt: Ein Drachenkopf, das Gesicht eines Berggeists, eine Miniatur oder den Umriss einer Madonnenfigur, aus der schließlich auch ein Gesichtchen schaut. Vielleicht auch ein etwas Unheimliches von archaischer Art, das erst herauskommt, wenn meine Farbkreiden und -stifte sich auf die Suche machen und Flächen und Scharten erkunden und eine stimmige Gestalt er-finden. Und gar nicht selten erweist sich dann, dass aus so einem Schotterbruchstück einen von verschiedenen Seiten aus sogar mehrere ausdrucksvoll beseelte Figuren anschauen können: Inzwischen hat sich ein etwa zweieinhalb Zentimeter hohes Gesteinsfragment meiner »Seelengesellschaft« hinzugesellt, das mehrere Gesichter hat. Von der einen Seite her schaut mich ein Berggreis wohlwollend und freundlich an – wenn ich das Steinchen ein wenig drehe, wird daraus ein würdiger edler Seher mit geschlossenen Augen im Profil – und noch eine Drehung weiter lacht mich ein fideles Weib an, das auch Maria heißen könnte. Sie alle waren in dem kleinen Schotterstück verborgen und haben mich sozusagen gerufen, damit ich mit meinem Blick und meinen Farben ihren Seelen die Chance gebe, sich zu zeigen.

Und ich habe mir mit Vergnügen *Zeit* dafür genommen. *Seele* und das, was wir *Zeit* nennen, gehören untrennbar zusammen, wie Jean Gebser in seinem tiefschürfenden Mammutwerk »Ursprung und Gegenwart« herausgearbeitet hat: Keine Zeit haben bedeutet Seelenverlust. Denn die Seele ist ausgebreitet in alles, was uns umgibt, kann durch alles hindurchleuchten, wenn wir Verbindung damit aufnehmen und ihm Bedeutung geben. Sonst bleibt sie gefangen und verstummt.

Höre ich da schon wieder jemand leise grummeln: »Naja, man kann überall was hineindeuteln.« Aber schauen wir einmal genauer hin. Zwar wird nicht jeder in sich jemals den Drang verspürt haben, kommune Schottersteine zu meditieren und zu bemalen. Aber die meisten von uns haben sich als Kinder danach gebückt, wenn sie irgendwo einen schönen Stein liegen sahen. Irgendetwas hat sie daran angesprochen, als trage er womöglich eine geheime Verheißung für sie in sich. Nicht wenige berühmte Menschen wie der Arzt und Psychologe C. G. Jung, der Naturforscher und Mystiker Teilhard de Chardin, erzählen von ihrer frühen Liebe zu Steinen. Für Teilhard werden sie gar zu einem wichtigen Symbol für die Motivation seiner Arbeit als Geologe und Paläontologe: In ihnen (und später in allen Versteinerungen) sind alle Entwicklungsspuren des Universums vom frühesten Schöpfungsimpuls an enthalten und tätig, der schließlich zur Evolution allen Lebens und zum Bewusstsein des Menschen führt. Und das heißt für ihn auch: Die Dynamik des uranfänglichen Geistes und der Weltseele als »Herz der Materie«.

Offensichtlich gibt es da also wirklich so etwas wie eine ganz ursprüngliche Resonanz zwischen der Kinderseele, die da etwas geheimnisvoll Verwandtes spürt und dem Stein, der jetzt unbedingt mit muss, auch wenn Papa und Mama den Kopf schütteln und sagen, das sei doch bloß ein »ganz gewöhnlicher« Stein.

Und vergessen haben, dass sie selbst einst ernsthafte Steinesucher- und sammler waren – oder sogar sofort zu solchen werden, wenn sie in den Ferien einen Kiesstrand entlang gehen und unversehens von dem Gefühl gepackt werden: Irgendwo da gibt es einen ganz besonderen, einen magischen Stein, einen Glücksstein für mich, und wenn ich den finde und bei mir trage kann mir nichts mehr passieren ...

Kennen Sie das nicht auch?

Natürlich muss es für uns »Große« dann schon ein Stein mit irgendeinem besonderen Merkmal sein, einer Zeichnung, die wir spontan als bedeutungsvolles »Zeichen« empfinden, weil sie in uns die Empfindung weckt: Das ist es!

Und für die nächsten Stunden oder Tage oder gar Wochen tragen wir ihn dann wirklich wie eine Reliquie mit uns herum, legen ihn vielleicht dann sogar zuhause an einen besonderen Ort (wo womöglich schon eine ganze Reihe solcher Reliquien liegen) – und irgendwann haben wir ihn fast vergessen ...

Oder doch nicht ganz, denn er hat eine Spur in uns hinterlassen: Eines Tages schauen wir ihn wieder an und spüren, wie er zum Träger einer kostbaren Erinnerung geworden ist. Einer Erinnerung, die uns seelisch wieder verbindet mit einem wichtigen Gefühlsmoment, das er einst in uns hervorgerufen hat und seither für uns bewahrt und wieder belebt.

Ich gestehe, ich habe einige solcher Steine, und einer, ganz und gar unscheinbar, liegt auf dem Esstisch neben einer immer frisch gefüllten Vase. Er ist ganz unscheinbar, auch wenn er natürlich seine eigentümliche mineralische *Konsistenz* hat, eine besondere Qualität in seiner Werdegeschichte, was schon den jungen Teilhard an Steinen fesselte. Eine in ihm unter bestimmten Bedingungen fest gewordene einmalige Zusammensetzung von kleinsten Elementen, die durch eine von uns nicht fassbare Kraft zusammengekommen sind. Wegen dieser jeweils besonderen *Konsistenz* sind Steine für Teilhard Gleichnisse für ein planetarisches Wirken, in dem Geistig-Seelisches Gestalt annimmt.

Für den Hausgebrauch etwas bescheidener ausgedrückt: In jedem Stein ist ein bestimmter Geist sichtbare Materie, Geschichte geworden und er kann uns etwas erzählen, auch wenn das nicht gleich von erdgeschichtlicher oder universaler Bedeutung sein muss. Im einfachsten Fall kann er eine Erinnerung wachrufen, eine persönliche Geschichte wiedererzählen. Und die Geschichte, die nun mein Stein auf dem Schreibtisch mir wiedererzählt, ist diese:

Nachdem wir uns schon längere Zeit mit der Philosophie Martin Heideggers befasst hatten, wollten wir auf der Rückfahrt von einem Besuch bei Bekannten im Schwarzwald doch auch einmal seine berühmte Einsiedler-Hütte in Todtnauberg aufspüren. Wo sie genau lag, wussten wir nicht, aber das Glück wollte, dass wir beim Aussteigen auf einem Wanderplatz mit einem Menschen ins Gespräch kamen, von dem sich herausstellte, dass er zwar in Paris lebte, aber in Todtnauberg saisonal Heidegger-Seminare abhielt und sich selbstverständlich gut auskannte. Er erklärte sich sofort bereit, uns zur Hütte zu führen, sogar durchs Gartentor ins Grundstück hinein, und so kamen wir auf diese Weise näher hin, als wir uns das hätten träumen lassen und uns das allein nie getraut hätten. Wären nicht gerade Verwandte dort für ein paar Ferientage gewesen, hätte der Heidegger-Kundige uns sogar hineingeführt, denn er hatte einen Schlüssel. Immerhin aber konnte er uns aber auf einige wichtige Punkte im nächsten Umkreis aufmerksam machen und wir erfuhren jede Menge Geschichten zu Heideggers Gewohnheiten bei seinen Hüttenaufenthalten.

Ganz unerwartet kamen wir also in eine ziemlich intensive Beziehung zu diesem Ort, und als sich unser freundlicher Führer dann verabschiedete, weil zu Hause Besuch auf ihn wartete, setzten wir uns noch eine Weile gegenüber der Hütte auf eine Wiese und ließen das Gehörte und die Atmosphäre auf uns wirken.

Und schließlich ging ich auch noch einmal bis zum Zaun für einen letzten Blick, und als ich mich gerade zum Gehen wandte, fiel mein Blick auf selbigen, unscheinbaren grauen Stein, der auf dem Weg lag, und ich steckte ihn ein, als Souvenir sozusagen. Jeder vorbeiwandernde andere hätte ihn genauso auflesen können – aber für mich hatte er nun einen besonderen Bezug zu dem Erlebten, und zu der dadurch persönlicher gewordenen Beziehung zu dem ja auch menschlich nicht ganz einfachen Philosophen.

Zehn Jahre sind nun seit diesem Besuch vergangen und immer noch hat das Steinchen, nicht größer als eine Kastanie, seine »Aura« für mich nicht verloren, sondern ruft für kurze Augenblicke die Erinnerung an dieses besondere Ereignis in mir wach, als käme sie sozusagen aus dem Inneren dieser »Steinseele«, die ein »seelisches Feld« in meinem Inneren anrührt, zu dem sie nun dazugehört.

Und dann vergesse ich ihn wieder und wühle in Schottersteinhaufen, um einen besonderen zum Bemalen zu finden ...

Steine als Form gewordene kosmische Weisheit

Wohl immer schon hatte der Mensch das Gefühl, dass in Steinen die unfassbare Lebenskraft und Weisheit, ja, das gesamte kosmische Urwissen gespeichert sein müsse. Davon zeugen berühmte Steinheiligtümer wie etwa in Stonehenge, wo man immer noch rätselt, woher die mächtigen und »ortsfremdem« Steinkolosse hergeschafft wurden. Aber auch die Verehrung einzelner Steine ist häufig. Nicht nur weil Steine eine umfassende Erinnerung an die Entstehungsgeschichte des Lebens aus einem unnennbaren Urgrund in sich tragen, sondern auch weil in ihrem Leib Kristalle wie Lebewesen heranwachsen können. Denn der Stoff bestimmter Mineralien hat die Fähigkeit, in Werdeprozessen von ebenen Flächen begrenzte Formen anzunehmen. Irgendeine geheimnisvolle Kraft lässt je nach chemischer Substanz und Wachstumsbedingungen diese Formen buchstäblich »wachsen«: bisweilen »ideale«, bisweilen durch Störfaktoren spezifisch-individuelle. Kristalle faszinieren uns, und alter Tradition folgend scheinen ihnen je nach ihrer Art verschiedenartige Heilkräfte zu eignen. Heilkräfte, die auch auf Leib und Seele des Menschen wirken. Leider muss ich gestehen, dass meine Kenntnisse auf diesem Gebiet sehr gering sind. Aber für einen Pharmazeuten oder gar Kristallheiler sind die Heilkräfte nicht einmal etwas besonders Geheimnisvolles, auch wenn gerade Kristallheiler ihre Künste gern mit der Aura des Magischen umgeben und kritisch beäugt werden.

Aber nüchtern gesehen: Besteht der Mensch nicht aus denselben Grundbausteinen, Mineralien, Spurenelementen, aus denen der ganze Kosmos geworden ist? Und wirkt nach alten Entsprechungslehren nicht Gleiches auf Gleiches? Ist es also nicht wahrscheinlich, dass es gilt, dasjenige Element, den Stein oder Kristall herauszufinden, der das Leib oder Seele Fehlende besitzt, wenn Körper und Geist durch irgendeine Mangelerscheinung geschwächt sind? Eventuell wirkt dann bei manchen schon das Beisichtragen eines bestimmten Steins oder anderer längerer Umgang damit, sozusagen von Seele zu Seele.

Man kann das belächeln. Aber spüren wir nicht ganz Ähnliches auch in Gegenden, die von bestimmten Gesteinsarten oder Formationen geprägt sind? In einem Kalksteingebirge fühlen wir uns anders als an sandigen Meeresstränden mit ihren Flugsanddünen und noch einmal anders in Mittelgebirgen mit ihrem stark quarzhaltigen granitenen Urgestein oder in einem mächtigen Vulkanmassiv, angesichts der unfassbaren Formationen von Basaltsäulen, die durch spezielle Erstarrungsprozesse der Lava entstanden sind. Selbst die Farben einer Landschaft wirken wie »Seelenträger« – wie stark das sein kann, habe ich sowohl an blendend weißen Nordseestränden erfahren als auch im tiefschwarz geprägten Felsgestein der Vulkaneifel oder der Auvergne, wo auch Häuser aus schwarzen Steinen erbaut sind.

Besonders die Faszination der Auvergne, wo auch Teilhard herstammt, habe ich selbst stark erlebt. Man glaubt dort nahezu körperlich eine sehr besondere, kraftgeladene Atmosphäre zu spüren und es ist bestimmt kein Zufall, dass in der ganzen Gegend überall Schwarze Madonnenfiguren zu finden sind.

Wie, Madonnen – *schwarz*? Sind sie nicht von jeher Symbole der Reinheit gewesen, hätten also schneeweiß zu sein?

Aber das Paradox hat es in sich, denn die Madonna ist ja – unter vielen anderen Bedeutungen, die ich hier nicht ausbreiten will – nicht nur eine Repräsentanz der Seele und der Menschheit, sondern auch der Erde und Materie (von lat. *mater* = Mutter), in welcher das uranfängliche Licht des Geistes heranwächst und zur Reife kommt, um das Bewusstsein des Menschen auf eine neue Stufe zu heben und die uranfängliche göttliche Weisheit in Erinnerung zu bringen.

Interessanterweise beherbergt die Kirche von Le Puy, ein stark besuchter Wallfahrtsort auch auf dem Pilgerweg nach Santiago de Compostela, nicht nur zwei Schwarze Madonnen, sondern in einer Seitennische auch einen riesigen, rechteckigen »Fieberstein«, der aus alter, schwer datierbarer »heidnischer« Zeit stammen soll. Wie sein Name schon sagt, werden ihm besondere Heilkräfte zugeschrieben: schwarzer, glänzender Basalt aus den Puys.

Da mein Mann und ich im *Massif central* und in der Auvergne nicht nur einmal unterwegs waren, fasziniert von seiner kraftgeladenen Vielgestaltigkeit, kennen wir sehr viele der dort verehrten Schwarzen Madonnen, auch die aus dunklem Olivenholz in der landschaftlich imposant an den Hang gebauten Kirche von Murat. Sie wurde von der frommen Familie Teilhard de Chardins von ihrem Landgut aus regelmäßig besucht. Als wir einmal auf einer Rückfahrt nach Clermont-Ferrand an einem Steinbruch mit seinen bizarren kristallinen Formationen vorbeikamen, »klauten« wir dort nicht nur ein kleines herumliegendes Basaltsäulchen, das heute würdevoll in meinem Garten neben einer Akanthusstaude steht. Ganz erfüllt vom vielen Madonnenbetrachten fiel uns auch plötzlich ein Gebilde auf, in welchem die erstarrende Lava nicht die übliche straffe sechskantige Form angenommen hatte, sondern in seiner eigenartigen Gestaltwerdung an eine weibliche Figur, eine steingewordene *Terra Mater* oder eben auch an eine archaische Schwarze Madonna erinnern konnte – wenn man, so wie wir, sozusagen durchtränkt war von landschaftlicher Kraft und Madonnenfrömmigkeit. In unserer Ergriffenheit hatten wir das Gefühl, dass sie uns erlaubte, sie mit uns zu nehmen. Und als später mein Mann, bergwärts angrenzend an unser Häuschen daheim, einen kleinen Hof, umgeben von einer eigenhändig errichteten Trockenmauer aus alten Sandsteinen anlegte, baute er dort für sie eine besondere Nische. Dort steht sie nun seit vielen, vielen Jahren, neben ihr eine weiße Kerze, die stets erneuert wird. Eine doppelflügelige Tür verbindet den Hof mit meinem bevorzugten Lesezimmer – und wenn ich abends am Tisch sitze, schaue ich hinaus in einen geschützten »Temenos«, einen heiligen Raum, der von der Seele dieser eigenartigen Steinfigur belebt ist, tröstend und heilend wie alle Schwarzen Madonnen.

Dabei ruft sie nicht, wie das Steinchen von der Heidegger-Hütte, nur *eine* bestimmte Erinnerung hervor. Vielmehr strahlt von ihr eine eigenständige Sakralität und Energie aus. Sie bildet ein Resonanzfeld, auch ohne, dass ich an ihre Herkunft denke. Und keinen Augenblick würde ich an einer ihr innewohnenden Seele zweifeln. Viel eher erlebe ich in ihr die Präsenz einer Form gewordenen uranfänglichen Weisheit, die allem, was uns umgibt, innewohnt und nicht nur durch Tiere und Pflanzen, sondern durch die ganze Erde und ihre Geschöpfe zu uns spricht.

Und wann immer ich sie anschaue in ganz verschiedenem Licht und eigenen Stimmungen, weckt sie in mir neue Assoziationen, spricht sie mich anders an – so wie ein Gedicht, das man immer und immer wieder liest, und immer neue Tiefenschichten darin entdeckt – und es doch nie ganz enträtselt ...

Fundstücke, Alltagsdinge

Wie so viele andere schon genannte Dinge ist also auch meine »Schwarze Madonna« aus dem Basalt-Steinbruch bei Le Puy ein Fundstück, das sich mir sozusagen selbst geschenkt hat. Hunderte anderer hätten dieses Steingebilde auch finden können, aber sie haben es nicht »gesehen«. Seine Seele hat nicht zu der ihren gesprochen, aber zu mir.

Und mit wie vielen Erbstücken geht es genauso! Den eigenartigen quadratischen Tisch aus Lärchenholz mit seinen abgeschrägten Ecken, einem hohlen Mittelfuß, einer Schublade und ausziehbaren Platten rechts und links, an dem ich seit vierzig Jahren schreibe, haben wir einst im Hof eines Hauses in einer »besseren« Wohngegend gefunden, wo er für den Sperrmüll bereitgestellt war. Eindeutig ist er handgemacht – vielleicht einst ein Gesellenstück, wirkt vielleicht ein bisschen klobig und war den Erben zu wenig »fein«. Aber mich hat er sofort »angesprochen«, weil ich sah, er passt genau in mein Schreibzimmer, zu dem florentinischen Fliesenboden mit seinen abgeschrägten Kanten, zwischen denen kleinere Quadrate mit eingeprägten achtblättrigen Blüten eingefügt sind, und er passt überhaupt zum eher rustikalen Stil unseres Hauses.

Also luden wir ihn in den VW-Bus, den wir damals fuhren (und in dem man auch Kinderwagen problemlos unzusammengefaltet transportieren konnte) und nahmen ihn mit. Seither steht er am selben Ort, wie eigens dafür angefertigt und arbeitet mit mir zusammen, wie ein Lebewesen, das endlich die verdiente Würdigung und wärmende seelische Zuwendung gefunden hat. Die lebendig gemaserte Tischplatte hat durch den langen intimen Kontakt mit mir und meinen Unachtsamkeiten immer mehr »Zeichnungen« bekommen und so auf eine gewisse Art auch einen immer deutlicheren individuellen Charakter. Ja, ich würde sogar sagen, unser langjähriges intensives Zusammenspiel hat auch ihn zu einer ihm absolut gemäßen Individuation geführt, so wie mich andererseits die Briefe, Bücher, Bildcollagen, die hier entstanden sind. Wir gehören zusammen, sind ein Herz und eine Seele, und ich würde ihn nie durch irgendetwas Gekauftes, Neues ersetzen. Denn nicht er allein hat eine besondere Geschichte (die für mich teilweise auf immer ein Geheimnis bleiben wird), sondern wir haben auch inzwischen eine seelische Beziehungsgeschichte miteinander.

Dieser Findling hat für mich (durch mich?) Bedeutung bekommen und er selber wollte bestimmt auch nirgends anders mehr hin – genausowenig wie meine »Schwarze Madonna« aus dem Steinbruch vor Le Puy. Andere haben ihn als Erbstück vielleicht als »zu gering« für ihr nobles Haus gefunden oder sie wussten einfach nichts damit anzufangen, kamen nicht in Resonanz mit seiner besonderen Geschichte, die für sie bewahrenswert gewesen wäre – das Schicksal vieler Erbstücke.

Erbstücke

Als wir, zwei Vettern, mein Mann und ich, den Haushalt der jüngsten Schwester meines Vaters auflösen musste, waren da viele kleine Dinge, die landläufig als »Kitsch« angesehen werden. Ich aber wusste sehr genau, was sie der alleinstehenden Tante mit ihrem großen Bedürfnis nach »schönen Dingen« bedeutet hatten und zudem war einiges davon außerordentlich kunstvoll und sicher einmal teuer gewesen. So zum Beispiel einige Röschen aus Porzellan in verschiedenen Rosatönen, die sich in verstaubten Dauersträußen fanden, ein Kerzenständer mit einem Kranz aus ebensolchen pastellenen Rosen, dann abenteuerlich geformte und bemalte chinesische Cloisonnée-Schälchen und -Döschen, welche die Tante, ebenso wie einige pompöse Übertöpfe in der »Schatzinsel« (die es heute nicht mehr gibt und wo sie Stammkundin war) gekauft hatte. Ich konnte mir vorstellen, wie sie diese Schätze in feierlichen Zeremonien und persönlich beraten von einer ihr vertrauten Verkäuferin erworben hatte.

Auch gab es altmodische Glasväslein und allerlei Nippes, aus denen zu mir ihre Seele sprach, auch wenn ich selber noch nicht genau wusste, was damit anfangen: Ich nahm es genauso mit wie zwei abgeschabte kleine Hündchen, die wohl noch aus ihrer Kindheit stammten. Für mich sind sie kleine Schätze, aus denen noch sehr viel mehr »Tantenseele« spricht als aus teureren Hinterlassenschaften, ausgenommen vielleicht dem von ihr heilig gehaltenen Nähtisch ihrer Mutter – eine Sonderanfertigung wie alle Möbel aus ihrem Elternhaus, noch voller Nähzeug, das heute Museumswert hätte.

Etwas ganz Besonderes auch eine ganze Schachtel voller wunderschön bemalter Christbaumanhänger aus Wachs, die schon lange nirgends mehr hergestellt werden, wie ich heute weiß – damals schon ahnte. Goldene kleine Aufkleber zeigten, dass sie aus einem altehrwürdigen ebenfalls heute nicht mehr existierenden Spezialgeschäft für Honig und Kerzen unweit der Markthalle stammten. Sie musste auch dort mit den Inhabern auf vertrautem Fuß gestanden haben, denn es fanden sich in der Schachtel eine Unzahl Zeitungsausschnitte zum Jubiläum dieses seit 1767 bestehenden Geschäfts samt einer an die Tante persönlich gerichtete Karte mit dem Nachdruck einer Zeichnung von 1812, auf der das Inhaberschild zuerkennen ist: »Friedr. Leyrer«. Ich habe selbst dieses Geschäft noch gekannt und war oft staunend vor dem Schaufenster voller seltsamer Gebilde, Devotionalien und Honigkerzen gestanden: Sodass auch diese kuriosen Dinge für mich nicht nur eine persönliche Erinnerung an die Liebe der Tante zum Liebenswürdigen und Seltenen darstellen, sondern auch an eine beseeltere Stadtkultur, in der kleine Geschäfte noch bestehen konnten und ein persönliches Verhältnis zu ihren Stammkunden mit ihren speziellen Vorlieben pflegten.

Heute ist in den einstigen Verkaufsräumen ein Juweliergeschäft und ich wäre kaum auf die Idee gekommen, dort einmal nach den ursprünglichen Besitzern zu fragen. Aber ich wusste natürlich von der besonderen Gabe der Tante, Kontakte mit »ihren« Stammläden zu pflegen (etwa auch zu einer Confiserie in der Nähe), und darum lebt für mein Gefühl in diesen unzeitgemäßen, »überflüssigen« Dingen ein lebendiges Herz und eine »unsterbliche Seele«. Und so versuche ich, sie irgendwie in mein Leben einzubeziehen. Der in ihnen schlummernde seelische Reichtum soll mir so lange wie möglich ein Lächeln entlocken, statt Gejammer über eine verlorene Kultur!

Vielleicht dazu noch eine kleine Geschichte am Rande: Als ich kürzlich zufällig wieder einmal die besagte Schachtel mit den Wachspreziosen öffnete und die Zeitungsartikel las, überkam mich die verwegene Idee, einmal im Telefonbuch nachzusehen, was ich da unter dem Namen »Leyrer« finden würde. Den Vornamen der früheren Besitzerin wusste ich ja inzwischen. Und kaum zu glauben: Ich fand genau in der uralten Schreibweise »Friedr. Leyrer« samt genauer Adresse eine für unsere Großstadt ungewöhnlich kurze, also sehr alte Nummer!

Erst einmal holte ich tief Luft, bevor ich wagte, die Nummer zu wählen. Banges Abwarten, dann eine nicht mehr ganz junge Stimme: »Leyrer.« »Tatsächlich!« entfuhr es mir, bevor ich mein Sprüchlein sagte: Ich sei eine Nichte der Frau H. und habe in ihrem Nachlass Schätze aus dem Haus Leyrer gefunden. Überschäumende Freude am Ende der Leitung: „Ach, die Frau H, die kam ja noch im hohen Alter zu uns, als wir nur noch im Flur Honig an Stammgäste verkauften! Ein Redeschwall über den anderen, ich müsse sie unbedingt besuchen, aber ich soll mich drauf einstellen, dass ihre Wohnung vollgestopft wie ein Museum sei. Nichts sei mir lieber, antwortete ich, und wir machten einen Besuchstag aus – an dem ich eine der originellsten Personen, die ich je in meiner Stadt gesehen hatte, kennenlernte.

Sie bewohnte in dieser schmalen Innenstadtgasse noch immer die beiden oberen Geschosse und ihre Wohnung quoll fast über von Dingen, denen eigentlich ein eigenes Museum gebührte, denn die Familie Leyrer gehört zu den ältesten der Stadt überhaupt.

Diesen Besuch zu schildern, wäre eine Geschichte für sich. Tatsächlich begegnete ich aber einem so originellen, offenen und wirklich seelenvollem, fantasievollen Menschen in solch exotischer Aufmachung und Umgebung, als sei sie einem Märchen aus alter Zeit entsprungen. Zugleich von einer beispiellosen Direktheit und Schlichtheit, in der sie sich umstandslos mit Vornamen vorstellte und mich sofort in ihr großes Herz schloss, weil ich noch Sinn hatte für all die »Seele« und all die Dinge, die ihr teuer waren. Und sie erzählte mir Geschichten um Geschichten aus der Vergangenheit unserer Stadt, wo sie, zusammen mit ihrem Mann, mit allen Zelebritäten in Kontakt war und selbst Hoflieferanten der Familie des einstigen Königs von Württemberg, wo sie alljährlich zu Gast waren – Fotos über Fotos an den Wänden dokumentierten alles, was sie erzählte.

Und all das habe ich der mir zuwinkenden Seele der Erbstücke meiner Tante zu verdanken, die sonst keiner wollte.

Geschenktes

Ob Fund- oder Erbstücke – im Grunde sind diese Dinge ja alle Geschenke, die von Seele zu Seele sprechen. Meine »Seelengesellschaft« am Schreibtischrand – ob geerbt, gefunden, geschenkt, ob durch eigenes Zutun »aufgeladen« – sie beleben mich, sprechen zu mir durch eine seelische Bedeutung, die sie mir zu ent-decken erlaubt haben. Eine Facette ihres Mysteriums jedenfalls, die ich mir vielleicht nur einbilde, entdeckt zu haben, aber da sie ein solches Ein- oder In-bild berührt haben, muss doch etwas Gemeinsames zwischen uns wirken: Nennen wir es ruhig und weiterhin ungenau »Seele«.

Na gut, in diesem Fall vielleicht schon, werden Sie sagen, aber was ist mit all dem schnell gekauften Plunder, den mir ein Besuch als »Geschenk« unter die Nase hält und ohne viel nachzudenken? Das ganze industrielle Dutzendzeug, bei dem der so Beglückte erst mal nicht weiß, was er für ein Gesicht machen soll, weil es so offensichtlich all seinen Vorlieben zuwider ist?

Zugegeben: Auch von meiner schon erwähnten Gartennachbarin mit ihrer Behextheit von lavendeligen Geschenksets habe ich schon Dinge aus Billigangeboten bekommen, wo ich im ersten Moment nur dachte: Um Himmels willen, wie kriege ich den Ramsch wieder los, zumal ich künstliches Lavendelaroma zum Davonlaufen finde?

Dennoch brachte ich es in all den vielen Jahren nie über's Herz, wenn ich wieder so ein lilafarbenes, künstlich stinkendes, aber liebevoll mit Buchsbaumzweiglein geschmücktes absurdes Gebinde überreicht bekam, zu sagen: »Bitte seien Sie so nett, und nehmen Sie's wieder mit, ich hab keinen Sinn dafür« (geschweige denn: »Oh Gott, schon wieder, das kommt gleich in die Tonne ...«). Erstens sind es Arrangements, von denen ich weiß, dass Sie selbst Herz und Seele daran gehängt hat, von liebevoller Zuneigung aufgeladen. Und zweitens sind die Einzelstücke vom Fließband ihrer Substanz nach völlig unschuldig und stammen letztlich aus denselben Elementen unseres Kosmos, denen auch *meine* Körperzellen ihre Beseeltheit verdanken. Und dazuhin: Vielleicht hat es ein menschliches, beseeltes Wesen in Fernost, das pro Stunde dafür 20 Cent bekommt und kümmerlich sein Leben fristet, trotz dem Zeitdruck, unter dem es steht, das Ganze so kunstvoll wie möglich zusammengepackt und garniert ...

Ich bedanke mich also höflich bei meiner Nachbarin, wir halten einen kleinen oder ausgedehnteren Schwatz, und danach stelle ich das Gruselobjekt erst einmal in den Keller, damit ich's wenigstens nicht mehr riechen muss.

Aber ich zolle ihm eine gewisse Achtung und sinne oft lange darüber nach, wie ich die Bestandteile eventuell doch würdig behandeln kann.

Manchmal fällt mir auch Wochen später beim besten Willen nichts ein – es sei denn, es führt mir der Zufall ein »Opfer« über den Weg, dem ich damit eine Freude machen kann.

Wenn nicht, entschließe ich mich irgendwann schweren Herzens zu einem regelrechten Begräbnisritual, bei dem ich das Geschenkte kurz vor der Abholung zuoberst und eingehüllt in schönes Papier in die Mülltonne bette, nicht ohne ein kleines Dankgebet und eine von Herzen kommende Bitte um Verzeihung ...

Ich denke dann: Was daran Seele war, habe ich in mich aufgenommen, sodass ich nichts anderes tue, als was einst mit unserer leiblichen Verkörperung auch geschehen wird.

Ruhe in Frieden, falscher Lavendelkram.

Aber gewiss gibt es viele Geschenke, die von Herz und Seele kommen, weil sich der Schenkende in den zu Beschenkenden hineinversetzt hat und dann etwas schenkt, wie man es sich schöner nicht hätte wünschen können. Jeder, der dies liest, kennt bestimmt beide Arten von Schenkenden: Diejenigen, denen es Freude macht, herauszufinden, was die Seele des anderen erfreuen könnte, und diejenigen, von denen man immer nur Dinge bekommt, die ihnen selbst gefallen – wie das lila Lavendelzeug meiner Gartennachbarin. Welchen Unterschied macht das schon? Keines ist ohne Seele.

Doch ich möchte endlich noch eine ganz andere Kategorie von Geschenken ansprechen, die eine besondere Intensität ins Leben bringen. Mag sein, es handelt sich um eine Kleinigkeit beim Trödler oder im Bücherantiquariat, die genau in das derzeitige Interessengebiet passen würde, aber sie erscheint einem zu teuer. Man schleicht lange darum herum, nimmt sie immer wieder in die Hand, kommt mit dem Händler ins Gespräch und erzählt, warum einen das so begeistert – bis er schließlich sagt: »Also nehmen Sie's mit, ich schenk's Ihnen!«

Haben Sie das schon erlebt?

Wie ein glückliches Kind, geht man da heraus – und kommt wahrscheinlich schon bald wieder.

Und dann das ganz Besondere und Überraschende, das man ein Leben lang nicht vergisst und das es verdient ein bisschen ausführlicher erzählt zu werden:

Es dürfte bald vierzig Jahre her sein, dass mich eines Tages eine Schulfreundin besuchte, die inzwischen in Hannover lebte und Meisterschülerin von Joseph Beuys war, aber hin und wieder ihre hier lebenden Mutter und ältere Schwester besuchte. Als dann einmal zufällig auch ihr Lieblingsneffe, Hrdlicka-Schüler aus Wien, da war, wollte sie ihm eines Tages auch mich und mein kurioses Haus und Leben vorführen. Es wurde ein spannender Abend bei gutem Wein und voller fantastischer Gespräche, die auch der junge Mann bereicherte.

Als die beiden spät am Abend schließlich im Aufbruch waren, zog sich meine schon immer etwas kapriziöse Freundin ihren silbernen Ring mit einem winzigen quadratischen Granatstein und einer kleinen Perle blitzschnell vom Finger – und warf ihn mir mit ihrem unnachahmlichen Lachen ins Glas ...

Diesen schmalen Ring trage ich noch heute. Und die Freundin, die schon seit langer Zeit als freie Künstlerin in Berlin lebt, gehört immer noch zu meinen wichtigsten Gesprächspartnerinnen, mit der ich auch über Themen reden kann, die sonst kaum jemand interessieren. Bis vor Kurzem haben wir uns noch gegenseitig besucht, saßen bei ihr oder bei mir am Küchentisch, sind trotz der Entfernung sozusagen zusammen alt geworden. Und das Ringlein mit zwei meiner Lieblingssteinchen ist jung wie eh und je an meiner alten Hand ... Überflüssig, dazu sonst noch etwas zu sagen, oder?

Von einem anderen, unschätzbaren Geschenk könnte ich noch berichten, aber es ist mir fast zu kostbar.

Darum nur so viel: Von meiner angelegentlichen Beschäftigung mit der Symbolfigur der Maria, dieser herausragenden Repräsentantin der Seele in unserer Kultur, haben Sie schon eine leise Ahnung bekommen.

Nun waren wir über lange Zeit regelmäßige Gäste in einem süddeutschen Kloster mit einer besonderen künstlerischen Tradition. Da ich mich auch mit deren Tradition und Hintergrund intensiv befasste, entdeckte ich eines Tages in einer Ausstellung eine außergewöhnliche, farbig gefasste Marienstatuette, circa fünfzig Zentimeter hoch, vom Künstler zwar zum möglichen Nachguss konzipiert, aber »unter Verschluss« gehalten, weil sie gewisse »ketzerische« Merkmale trug. Die Figur ließ mir keine Ruhe. Schließlich gelang es mir über umständliche Wege, mit dem schon sehr betagten Klosterbruder, der im Lauf der Zeit zum Fachmann und Kenner dieser Schule und seiner Künstler geworden war, zu sprechen. Er, längst selbst ein Künstler geworden und weit über achtzig, schleppte sich mit dem Rollator zu unserer Verabredung an der Pforte. Auf der Wartebank dort erzählte ich ihm von meinen Studien, dass ich auch im Kloster schon einen Vortrag über die Bedeutung einer anderen Mariendarstellung gehalten hatte und wie sehr mich besonders *diese* Darstellung faszinierte. Vorsichtig fragte ich dann, ob es nicht doch eine Möglichkeit ...

Lange sah er mich mit seinen großen freundlichen Augen an. Ich spürte, dass etwas zwischen uns in Bewegung war.

Dann, nach langer Pause, sagte er: *»Kaufen kann man die nirgends, höchstens geschenkt bekommen. Aber man muss warten können.«*

Ich *konnte* warten. Und wie es weiterging – das überlasse ich Ihrer Fantasie.

Jedenfalls steht die kostbare Figur heute, von des alten Mönchs Händen für mich gegossen und sorgfältig bemalt, als wichtige und rare Andachtsfigur bei mir an besonders ausgesuchter Stelle und ist erste Adressatin meiner morgendlichen Andacht. Und keiner der Zweifel, die ich in der Zwischenzeit an verschiedenen religiösen Traditionen habe, kann sie berühren.

TEIL IV

Landschaften, Orte und ihre Seele

Ein Psychotherapeut aus Dresden, der begeistert war von einem meiner Bücher und lange über die archetypisch slawischen Züge der Sorben geforscht hatte, schickte mir kürzlich sein Buch zu diesem Thema und eine Postkarte aus Tschechien: Eine Fotografie der »Böhmischen Schweiz« im Abendlicht, von der eine geradezu berückende, magische Ausstrahlung ausging. Ich war sofort gefangen. Und auf der Rückseite stand die Frage: »Was uns wohl diese Felsen zu sagen haben?«

Ich kam von Bild und Frage nicht los. Von der stillen und doch dramatischen Wucht und ungeheuerlichen, untergründig auch unheimlichen Schönheit dieser Landschaft, in der eine dynamische Zusammengehörigkeit von »Unterem« mit »Oberem« spürbar war. Und ich kam nicht davon los, dass da ein »Seelenverwandter« diese Landschaft nicht nur als eine geologische Gewordenheit erfasst hatte, sondern als eine quasi von einer lebendigen Seele durchformte *Wesenheit.* Als ein lebendiges Wesen, das nicht in erster Linie zu unserem touristischen Ge- und Verbrauch bestimmt ist, sondern uns still werden lassen müsste, um die Stimme ihrer ganz und gar eigentümlichen Seele zu erlauschen. Die uns etwas »zu sagen« hätte. Mit einer Stimme, die aus ur-uralten und doch immer noch ganz und gar gegenwärtigen Zeiten zu uns spricht. Eine Stimme, die uns etwas über ihre Besonderheit mitteilen könnte. Und darüber hinaus ein Anruf, der uns daran erinnern will, dass wir Menschen in der Geschichte der Welt eine ziemlich junge und unverhältnismäßig anmaßende Spezies sind und dass es Größeres gibt als unser kleines Leben und unsere wichtigtuerische Geschäftigkeit, unser Vergnügungs- und Nutzdenken. Der Anruf einer gewaltigen, majestätischen Wesenheit, die unserer Unrast mit überlegener Souveränität und Schweigen begegnet. Einem Schweigen, das nicht tot und stumm ist, sondern im Zusammenspiel von Himmel und Erde, Licht und Dunkel, Tages- und Jahreszeiten, Sonne, Regen, Sturm und Wind und der ganzen Natur uns ständig wichtige Botschaften zukommen lässt: Vorausgesetzt, wir wären bereit, sie zu erlauschen, sie zu befragen oder uns einfach im Schauen und Empfinden zu üben. Um sie letztendlich wie ein mächtiges Lebewesen zu verehren, das nicht unsere »Umwelt« darstellt, sondern zu deren winzig kleiner Mitwelt sich der Mensch in Jahrmillionen langsam entwickelt hat.

Fast alle Kulturen hatten ihre »heiligen Berge« oder ganze Bezirke, die nur mit besonderer Vorsicht und Achtung vor dem »*Genius Loci*«, dem Geist des Orts besucht werden durften. Und bei diesem »Genius Loci« handelt es sich letztlich um eine numinose Macht von Geist und Seele dieses Bezirks, deren Verletzung unabsehbare Folgen nach sich ziehen kann, weil ihre heilsamen Kräfte auch unversehens in Dämonie umschlagen können, wenn man ihnen nicht mit der gebotenen Achtung begegnet. Ungestraft lässt sich die Erde nicht so behandeln, wie wir das immer weiter tun!

Menschen, die in einsamen, noch nicht allzu sehr missbrauchten Landschaften leben, wissen darum. Und wer sich auch nur ein kleines bisschen ursprünglicher Achtung bewahrt hat, kann die sprechenden erdarchetypischen Geheimnisse überall auch noch in bereits touristisch erschlossenen Gebieten spüren, wenn er etwa in aufmerksamer Andacht einen stillen Berg erwandert.

Doch von welchem Grausen kann er dann erschüttert werden, wenn kurz vor ihm eine aufgedreht lustige Wandergruppe laut jodelnd und siegesbrüllend am Gipfel gelandet ist und lautstark ihre Eroberergefühle hinaustrompetet! Am liebsten würde man (d. h.: ich) dann vollends hinaufstürmen und einen nach dem anderen den Abhang hinunterwerfen!

Aber – äußerlich gesehen – nimmt's der Berg hin. Er bleibt, was er ist. Seinem innersten Wesen nach kann er auch von Abfall Hinterlassenschaften nicht berührt werden. Oder vielleicht doch? Immerhin wird ein seufzender, innerlich grollender Bergfreund alles zusammenlesen und mit hinunternehmen – nicht ohne diese Achtlosigkeit bekümmert als Verletzung der eigenen Seele, ja, der Seele der Welt zu empfinden. Dort jedoch bleibt's vielleicht eingeschrieben, und wir wissen nicht, ob wir mit all den vielen Katastrophen, die derzeit die ganze Welt heimsuchen, letztlich die Quittung für unsere Instinkt- und Verantwortungslosigkeit und anmaßende Selbstherrlichkeit bekommen. Aber hier soll es ja darum zu gehen, Sensibilität und Aufmerksamkeit für die Seele und Eigenart von Landschaften und Orten zu wecken. Und vielleicht ist das gar nicht so schwer. Denn fast jeder hat erlebt, ob er sich dort, wo er lebt oder unterwegs ist, eher wohlfühlt oder nicht. Ob eine Landschaft, ein Ort, eine positive Stimmung in ihm weckt, womöglich das Gefühl: Hier möchte ich bleiben. Oder gar: Hier gehöre ich hin.

Oft hat das zu tun mit der Atmosphäre der Landschaft, in der man aufgewachsen ist. Aber es kann auch genau andersherum sein – dass einer etwa in hügeliger Landschaft geboren ist und entdeckt, dass seine Seele Flügel bekommt, wenn er den weiten Horizont des sandigen Flachlands, womöglich noch am Meer, erlebt. Ob er dann dauerhaft mit dem inneren Wesen einer solchen Landschaft in echte Resonanz kommt, zeigt sich oft erst bei längerer Erprobung. Vielleicht merkt er irgendwann, dass sie ihm fremd bleibt, dass ihn wohl gerade das Fremde daran angezogen hat. Aber dass ihm doch die Seelensprache der Gegend allmählich eintönig vorkommt und er sich nach dem vielgestaltigeren landschaftlichen »Dialekt« sehnt, aus dessen Botschaften er kräftigere seelische Sprache heraushören kann, die ihm gemäß ist. Oft sind es sogar gerade die Weitgereisten, die in reiferem Alter Erscheinung und Stimme »ihrer« Landschaft in ihrer ganzen Modulationsbreite erst wirklich wahrnehmen.

Vielleicht ist es dem ehemals franziskanischen brasilianischen Befreiungstheologen Leonardo Boff so ergangen, der weltweit unterwegs war, um für eine Spiritualität zu werben, welche die Armen und Entrechteten Südamerikaner mit ihren Traditionen in das kirchenchristliche Denken und Handeln gleichrangig mit einbezieht. Bekanntlich ist ihm das schlecht bekommen, und man hat ihn aus seinem Orden hinausgeworfen.

Was ihn nicht hinderte, weiterhin eine Unzahl von aufmüpfigen, scharfsinnig-kritischen Publikationen zu verfassen. Dazu ein Büchlein, das mir besonders teuer ist. Es trägt den schlichten Namen *»Kleine Sakramentenlehre«*, und alles, was er darin »Sakrament« nennt, ist grundiert von einer ganz und gar unkonventionellen, tiefen seelischen Beziehung zu »Gott« und Welt, ja, zum gesamten Kosmos und seinen Erscheinungen.

Und jetzt das Besondere: Er hat dieser kostbaren kleinen Schrift ein Vorwort vorangestellt, das mich tief beeindruckt. Denn das beginnt so:

»Ich widme dieses Büchlein einem Gebirgszug, der immer wieder mein Fenster besucht.«

Ja, Sie haben richtig gelesen. Lassen Sie dieses Sätzlein ruhig ein wenig auf sich wirken und wundern Sie sich gehörig! Da beginnt ein ungeheuer gelehrter und für eine bessere, sozialere Welt handfest engagierter Theologe ein Buch mit einer Hommage an ein Stück Erde, das wir für »tote Materie« halten und das für viele sicher ein »Nichts-Als« wäre. Und genau dieses »Nichts-Als« hat ihn *inspiriert*, gar *besucht!* Sich bewegt, *ihn* bewegt! Inspirieren aber, spirituell bewegen kann nur seelisch Erfülltes, das unsere eigene Seele zum Tanzen bringt!

Ein Felszug. Immer derselbe, fest und unverrückbar. Der ihm als lebendiges Wesen, persönlich bezogener Besuch erschien. Hatte der Mann Halluzinationen? Oder kann da was dran sein? Und ich schwöre Ihnen, es ist was dran – ich habe Ähnliches selbst erlebt und will davon erzählen.

Das stille Tal

Durch glückliche Umstände kamen wir lärmmüden Großstädter für wenig Geld an ein zwar völlig verwildertes, aber unfassbar ruhiges Grundstück am Albtrauf, etwa 45 Minuten Autofahrt von hier. Gegen alle Vernunft griffen wir zu, obwohl sogar der Zugang zu der einstigen Streuobstwiese dicht mit Brombeerhecken überwachsen war und dahinter ägyptische Finsternis herrschte. Aber es gab ein Stück Wiese etwas weiter oberhalb, von der aus man das weite Tal, umgeben von teils bewaldeten, teils felsigen Gebirgszügen des Schwäbischen Albrands, überschauen konnte, in die das Tal wie eingebettet lag: Still, von keiner Durchgangsstraße durchschnitten. Und der leidlich asphaltierte Weg, auf dem wir hergekommen waren, führte zwar noch zu einigen wenigen Obstwiesen, endete aber dann. Ganz ohne zu einer Vesperstube zu führen, die lärmende Wandergruppen oder Radrudel in Marsmenschenmontur angezogen hätte. Hin und wieder kamen ein paar halbwüchsige brave Mädchen vorbei, die vom nahegelegenen Pferdehof ihre Pferde hier ausführten. Aber ansonsten konnte man ein ganzes Wochenende dort verbringen, ohne einen Menschen zu sehen: Im Frühling in Duftwolken der vielen Kirsch- und Apfelbäume gebadet, im Sommer in die der blühenden Wiesen und Grillengezirp.

Sicher, für uns brauchte es jahrelange Schwerarbeit, das Grundstück langsam zu entwildern, die winzige, vollgestopfte Hütte (nicht erweiterbar, Naturschutzgebiet) von zerfressenem Plunder zu befreien und den Innenraum nach allen Regeln der Kunst zu erneuern.

Aber immer entschädigte uns diese unglaubliche Stille, die reine, duftende Luft, die Ausblicke auf die umgebenden Bergrücken voller romantischer Geschichte, und Geschichten, die mir von Kindheit her vertraut waren und sie für mich zu mythischen, lebendig-beseelten Wesen machten.

Und genau dies erlebte ich in unvergesslicher Intensität an einem sehr warmen Sommerabend.

Ich war hinuntergewandert zum Sträßlein, weil dort der Ausblick auf einen besonders sagenträchtigen Vulkankegel nicht von Bäumen verstellt war. Mitten auf dem noch sonnenwarmen leicht ansteigenden Weg legte ich mich hin und genoss den enormen Rundblick, die Einsamkeit, die Stille. Erste Sterne zeigten sich in der Dämmerung, und ich spürte, wie ich immer mehr in diesen Ort, diese Landschaft hineinwuchs oder -sank, Herz und Seele im Gleichklang: Wir gehörten zusammen, die ganze Gegend und ich, und die dunkelnden Bergrücken schienen mir wie große, beschützende Tiere. Besser: wunderbare Lebewesen, die mich freundlich in ihren Kreis aufnahmen – und ohne mich zu bedrängen immer näher zu rücken schienen, als wollten sie sich neben mich legen wie Altvertraute.

Ja, sie »besuchten mich«, mich, die ich doch eigentlich die gar nicht »einheimische« Städterin war! Aber nun fühlte ich mich nicht nur geduldet, sondern wohlwollend aufgenommen und begrüßt und empfand einen Zusammenklang, ein Zugehörigsein zu einem übergreifenden Resonanzfeld. Vielleicht meint Rupert Sheldrake das, denn er sagt: *»Die Seele ist ein Feld.«* Buchstäblich, nicht nur abstrakt: Feld. Im Grunde sind wir eins mit der Erde, als einem Ort, der zu uns und mit uns spricht – unmittelbar und klar im Schweigen. Aber wir hören zu wenig hin, betäuben uns meist mit Lärm oder Hyperaktivität.

Mit Sehnsucht denke ich heute an diesen Ort, an dieses Erlebnis zurück. Lange haben wir versucht, im nahen Städtchen eine bezahlbare kleine Wohnung als Stadtfluchtort zu finden. Aber es war alles zu teuer, und dazu kamen im Lauf der Jahre Veränderungen, die dem Tal seine Stille und Abgeschiedenheit raubten. Nicht zu vergessen, dass unsere Kräfte langsam abnahmen, sodass wir schweren Herzens eine Gelegenheit nutzten, als ein neuer Nachbar Interesse zeigte, das Grundstück zu übernehmen. Das besondere Glück war, dass er in seinem Verhältnis zur Natur ähnlich fühlte wie wir. Spontan wurden wir uns einig. Und natürlich dürften wir jederzeit herkommen, auch von den Äpfeln unseres einzigartigen alten Apfelbaums nehmen, so viel wir wollten. Die Seelenverwandtschaft bleibt bestehen ...

Aber wir sind nie wieder hingefahren. Manche Erinnerungen sind zu kostbar, als dass man riskieren wollte, dass sie getrübt werden. Die Seele des Orts, wie sie in uns weiterlebt, warnt uns davor. Und Sie dürfen mich ruhig für sentimental halten, wenn ich jetzt deswegen ein paar stille Tränen vergieße ...

Meine Stadt

Eine Besonderheit meiner Stadt ist ihre Vielgestaltigkeit. Sie zeigt sich in Tiefen und Höhen, hellen Aussichten über die Stadt und Weitsichten bis über das nächste Flusstal hin zu ferner liegenden Hügelketten. Aber auch mit Pfaden den dunklen Wald entlang, von wo sich wiederum Aussichtsplätze öffnen. Sie lässt uns in verträumten, malerischen Gegenden zur Ruhe kommen oder beunruhigt durch Konfrontation mit Blicken auf grobe und hässliche Industriegebiete, versöhnt wieder durch milde Freundlichkeit, führt uns hinauf, hinab, rundum und so ist ist auch dies für mich eine besondere Seelenlandschaft.

Wenn ich alte Ansichten sehe, wird mir weh ums Herz: Da sehe ich das weite grüne Tal, umgeben von Hügeln, grünen Hängen mit Obstwiesen oder Weinbergen, und die Höhen bewachsen mit hellen Mischwäldern.

Auch nicht ganz so alte Ansichten zeigen noch harmonische Bilder, gute Bebauung – inzwischen zerstört durch eine unfassbare Abreißwut. Und darin zeigt sich, was der türkische Dichter Orhan Pamuk wehmütig über Istanbul sagt, dass Städte durch diesen Abriss ihr Gedächtnis verlieren (Erhan Pamuk, Die Koffer meines Vaters, S. 95ff.). Und dieser Gedächtnisverlust ist zugleich ein Seelenverlust. Aber noch heute ist bei uns vieles von dem, was besonders ist, sichtbar. Obwohl inzwischen die Hänge meist dicht bebaut sind und man im Tal um jeden Quadratmeter Park, ja, um jeden Baum kämpfen muss. Doch selbst einen Alteingesessenen, falls er einem der vielen lohnenden Höhenwanderwegvorschlägen folgt, vermögen immer wieder die abwechslungsreiche Topographie und wechselnden Aussichten zu erstaunen. Denn was von unten aussieht wie eine ruhig umschließender natürlicher Hügelkranz, erweist sich in der Realität als eine teilweise geradezu wild zerklüftete Umrandung. Denn einst haben talwärts herabschießende Bäche tiefe Klingen eingegraben, sodass man, falls fremd und führerlos mitunter zuerst wieder hinuntersteigen muss ins Tal, um auf anderem Wege wieder auf die Höhe zu kommen.

Gehen Sie gern spazieren? Einfach so, nicht weil im Apothekerblättchen steht, es sei nötig für die Gesundheit, sich mehr zu bewegen? Ganz ohne Trekkingstöcke und Schrittzähler, Pulsfrequenzmesser und was weiß ich für Lustverderber? Ich mache Ihnen jetzt einen Vorschlag, wie Sie einen für unsere Zeit symptomatischen Kontrast erleben können.

Stellen Sie sich also vor: Sie wandern da, gewissermaßen absichtslos auf einem schmalen Sträßchen an einem wunderbaren Waldrand mit alten Eichen entlang, die den Weg fast völlig überwölben. Links haben Sie durch große, steil abfallende Gärten immer wieder Durchblicke ins Tal auf eine Großstadt. Aber alles Städtische ist spielzeugklein und weit weg – Sie fühlen sich mitten in der Natur.

Plötzlich dann, genau an einem Punkt, von wo zwei Wege hinab ins Tal führen, einer steilab nach links, einer gemäßigt und bequem abwärts weiter geradeaus, wird der Blick über die gesamte Talaue freigegeben, und Sie stehen unvermittelt vor einem irritierenden Gebäude. Würfelförmig mit kleinerem ebensolchem Aufsatz auf dem Flachdach, umgeben von einer massiven, fast mannshohen Mauer, alles gelb-weiß verputzt. Im Hofraum, so weit zu sehen, kein Baum, kein Strauch, nur am abwärtsgehenden linken Weg eine getrimmte Eibenhecke mit vorgelagertem Schotterbett. Sie überlegen: »Eventuell ein Maschinenhaus der Wasserversorgung oder eine Umspannstation?« Ortskundige wissen, das war das alte Forsthaus mit ausladendem Walmdach, unter dem Fledermäuse wohnten, die Wände efeubewachsen und von Bäumen und Sträuchern umgeben. Das Ganze wie alle Gebäude und Bäume in dieser Umgebung eigentlich unter Bestandschutz! Vor einigen Jahren, nachdem die Besitzer gewechselt haben, modern umgebaut in eine »Stadt-Villa«. Es gibt genügend Leute, die finden das »toll« (was einst einmal so viel wie »von allen guten Geistern verlassen« bedeutete), an dieser Stelle, so direkt am Waldrand ein derart deplatziertes Gebäude zu realisieren.

Sie werden vielleicht ähnliche Schocks am Stadtrand inzwischen immer wieder erlebt haben, kopfschüttelnd die Augen hin und herwandern lassen zwischen dem abweisenden Koloss und dem alten Waldrand, der hier neben Buchen und Eichen auch hohe Kiefern wachsen lässt, denn darunter befinden sich Sandsteinfelsen, aus denen die Ärmeren einst Stubensandstein ausgruben, weshalb der Untergrund größtenteils bis heute unbekannte Höhlen birgt. Das aber wissen nur wenige Eingeweihte und es steht auch in keinem Stadtrundweg-Führer. Und Sie gehen nun sowieso rasch an der Mauer vorbei und weiter.

Ein geheimer Seelenort

Sie werden sich als Naturfreund erst einmal reich entschädigt sehen, sehen, denn es kündigt ein hoher Holunderbaum, an dem Efeu emporrankt und ein metertief ins Gelände hineinreichendes Wildgebüsch aus Korallenbeeren, Weigelien, Jasmin, einzelnen vorwitzigen Ahornschösslingen, begrenzt von einem riesigen Haselbusch einen verwegenen Kontrast an: Sie ahnen ein verwunschenes Naturreich.

Haus sehen Sie keines, denn eine würdige große Kiefer, deren Zweige hinter dem Gebüsch weit herunterreichen, verbirgt es. Aber Sie sehen, da muss jemand wohnen: So tief, wie das vorgelagerte Wildgebüsch reicht, ist ein Einschnitt, auf dem ein kleines Auto steht, daneben wäre Platz für ein zweites, falls Besuch kommt. Aber der bescheidene Parkplatz ist wiederum gesäumt von alten Eiben, Liguster, Kornelkirschen und talabwärts Fichten. Am inneren Ende des Plätzchens sehen Sie auch einen Eingang, ein betagtes, altmodisches Gartentor – wie der Zugang zu einem Kultplatz überwölbt von einer fantastischen alten Efeukuppel, die zugleich eine Art geschützte Vorhalle bildet.

Irgendwie nicht recht geheuer? Doch da sehen Sie auf einem gravierten Metallschild an von wildem Wein überwachsenen Palisaden Namen und Adresse der Bewohner, ein schlichter Briefkasten kann viel Post aufnehmen, also wohnt da wer, auch wenn keine Mauer, keine Klingel, keine Sprechanlage, keine »Warnung, bissiger Hund« zu sehen ist. Sind Sie neugierig? Möchten vielleicht einen Blick hineinwerfen? Dann tun Sie's einfach. Hier ist nichts verschlossen, das Tor öffnet sich leicht, und da Sie gewissermaßen von der Seite her hineinschauen, blicken Sie gegenüber erst einmal auch wieder nur auf Gebüsch. Aber schon eine leichte Körperdrehung brächte sie ins Staunen und tief Ein- und Aufatmen: Sie fänden sich nämlich etwas erhöht stehend über einem sich weit öffnenden Ausblick über Stadt und Land, und über einem vor Ihnen liegenden von grünem Buschwerk umgebenen einladend empfangsbereiten Gelände, das sich von einer breiten, teilweise überdachten Terrasse noch auf eine weiter abwärts liegende Ebene abzusenken scheint. Den Weg dorthin allerdings sehen Sie von hier aus wieder mal nicht, auch wenn kleine gewundene Pfade rechterhand darauf hinweisen, dass es hinunter weitergeht. Und Sie begreifen so allmählich: Dies ist ein Ort von Geheimnissen, die sich nicht auf den ersten Blick zeigen – und doch unwiderstehlich anziehen.

Also nehmen Sie erst einmal die direkt vor Ihnen liegende Einladung an, gehen die unregelmäßig breiten, aber bequemen, aus alten Sandsteinplatten bestehenden Stufen hinunter Richtung Terrasse, beschützt vom Efeubaum und den tiefhängenden Zweigen der mächtigen Kiefer, an der Sie jetzt vorbeikommen. Und vergessen Sie nicht, dort, wo die Kiefer über einer halbhohen Sandsteinmauer steht, einen kurzen Blick nach links zu tun: Dort verbirgt sich nämlich ein zauberhaft intimer kleiner Hof, von nirgends her einsehbar mit einem mediterran verschnörkelten Tischchen und ebensolchen Stühlen. Sie sehen auf die hohe Trockenmauer aus alten Sandsteinen zur Bergseite hin, mit lose hängenden Efeuranken geschmückt. Nicht aber sehen Sie von hier die doppelflügelige Glastür, durch die man den altertümlich anmutenden Hof vom Gast- und Lesezimmer der Hausbewohner direkt betreten kann: Ein Vorbau des flachen, walmdachüberwölbten Häuschens verbirgt sie.

Vielleicht aber hat diese Tür jemand gerade geöffnet und schaut versonnen hinauf in die Baumwipfel, in das Lichtspiel in den Baumkronen der Kiefer und des Waldes, der sich auf dieser Seite hoch erhebt, jemand der auf das Rauschen des Windes lauscht, und kindlich dieses märchenhafte Versteck genießt: Hier nämlich kann man sich meilenweit entfernt von allem Großstadtgetriebe fühlen. Dabei wäre die Stadtmitte von hier in zehn Autominuten zu erreichen – aber diejenige, die da verborgen hinter dem Hausvorsprung in die Baumwipfel schaut (und die *ich* sein könnte), will das gerade gar nicht wissen.

Vielleicht trauen Sie sich, verlockt und verführt von dieser außergewöhnlichen Atmosphäre, noch ein Stück weiterzugehen, am niedrigen Haus, teils backsteingemauert, teils holzverschalt, entlang, das nach hinten eingebettet in den Hügel ist, nach vorn geöffnet zum Tal, wo man zwischen alten hohen Bäumen hindurch weithin über die tief unten liegenden Stadtteile und bis zu einer weit entfernten, blauschimmernden Hügelkette sehen kann.

Denn hangabwärts gibt es nur noch Gärten, und das hier ist wohl ein ungewöhnliches Grundstück, wie man an den einhegenden riesigen »Baumengeln« erahnen kann (vierzehn sind es rundum). Wenn Sie von der Terrasse rechts hinuntergingen zur nächsten Ebene, gar einen Rundgang machten, kämen Sie aus dem Schauen nicht mehr heraus. Aber das trauen Sie sich nun doch nicht, suchen vielleicht neben der Eingangstür wieder eine Klingel, und wieder gibt es keine, nur ein venezianisches Klopfhändchen, aus einer einst von den Venezianern besetzten Gegenden Griechenlands mitgebracht, und seitlich hängende kupferne Ziegenglöckchen. Besonders ordentlich sieht es übrigens auch nicht aus vor dem Haus: Besen, Kisten und Körbe stehen da, und außerdem haben Sie bemerkt, dass vor Ihnen zwei Katzen geflohen sind. Scheue Wildlinge, die sich nur von den Bewohnern füttern lassen, und vorm Haus auf Klappstühlen Katzenbetten eine Art Heimat gefunden haben.

Sie aber haben in diesen paar Minuten schon viel erfühlen können von der Seele dieses Orts, ganz im Kontrast zu dem Bau nebenau, an dem Sie vorbeigekommen sind. Und darum ahnen Sie, dass Sie zwar sicherlich gastfreundlich empfangen würden, aber für heute lieber umkehren wollen, ihre Verwunderung über diesen Ort nachwirken lassen – und vielleicht ein andermal erst den Mut finden, herauszufinden, was für Leute das sind, die da leben, wahrscheinlich sogar schon lange, denn so viel blühenden, von Bienen summenden Efeu, so viel lebendige »Wildnis« haben Sie noch in keinem »normalen« Garten gesehen. Nehme ich den Mund zu voll, wenn ich sage, dass Sie gerade einen Blick in einen einzigartigen »Seelenort« getan haben?

Denn natürlich haben Sie längst erraten, dass das, was ich da in unzulänglichen Worten zu beschreiben versucht habe, mein eigener Garten, mein eigenes Haus ist, das ich trotz dem teilweise mörderischen Getös von den Sport- und Vergnügungsstätten im Tal, samt Verkehr- und Industrielärm nicht verlassen möchte, denn hier ist meine Seele zu Hause – und war es vom Anfang der Entdeckung des Orts vor fünfzig Jahren.

Kommen Sie gern bei Gelegenheit wieder! Es gibt noch viel zu Entdecken und zu Staunen!

Das Café

Jeder Ort kann ein beseelter Ort sein – wovon das abhängt, lässt sich nicht so genau sagen. Meiner Erfahrung nach sind es meist Orte, die nicht sklavisch irgendeinem »kultigen« Design unterworfen worden sind, sondern durch eine pflegliche Tradition einfach so geworden und gewachsen sind.

Und es gibt solche Orte gewiss nicht nur abseits, in der Natur, sondern auch noch immer mitten in der Stadt. Orte, die nicht von ihrer gewaltsam »modernisierten«, anonymen Umgebung infiziert sind, sondern ein bisschen »altbacken« geblieben sind, einen Eigencharakter behalten haben, der von den Seelen derer, die dort beschäftigt sind und derer, die sie aufsuchen bestimmt sind.

In meiner Stadt gibt es einige davon. Manche sind leider dem Zeitgeist zum Opfer gefallen. Aber es sind doch auch welche geblieben, und einer, der mir besonders lieb ist, ist ein Café in einer Gasse gegenüber der Markthalle, die zum Glück schon einigen voreiligen »innovativen« Abrissfantasien entgangen ist.

Die Urzelle des Cafés ist eine alteingesessene Bäckerei, die noch heute exzellente schwäbische Brezeln backt. Keine von der Hofbräuhaus-Sorte, krachend hart rundum zum Zähne-Ausbeißen. Nein, eine schwäbische Brezel hat wohl knusprige, rösche Ärmchen, aber einen weichen, dickaufgegangenen Bauch. Sie schmeckt durchaus auch trocken gut, aber ein Einheimischer wird sie am liebsten aufschneiden wie ein Brötchen, dick oder fein mit Butter bestreichen und wieder zusammengeklappt verzehren.

Und genauso kann man sie auch im inzwischen dem schmalen Bäckereiladen angehängten Café bestellen, zu einer Tasse Kaffee, Tee oder einer Schokolade, auch schlicht »Kakao« genannt.

So eng es vorn im Laden zugeht, so eng ist auch der kleine Raum, den man entweder durch den Laden oder direkt von außen betreten kann. Die kleinen dunklen, seit Jahrzehnten jede modische Anpassung verweigernden Holztischchen mit schmalen gepolsterten Stühlen im selben Stil sind eng gestellt, und da die einzige Tageslicht-Öffnung an der Eingangsseite liegt, gibt es an den Wänden entlang gepolsterte Bänke, vor denen sich auch schnell einmal zwei der Tischchen zusammenstellen lassen. Aber sie erlauben auch, dass sich mit knappem Abstand je zwei Verabredete, in der Regel mehr oder weniger gestylte Vorort-Freundinnen in reiferem Alter nach ihrem Einkauf einander gegenübersitzen und »baatschen«, also halt über Beliebiges schwätzen oder schwatzen. Manche mit der klassischen Brezel vor sich, manche nach einem Blick auf die reichhaltige Kuchenvitrine mit etwas Luxuriöserem – alles verspricht solide Qualität.

Eigentlich ist es kein besonders »gemütliches« Café in irgendeinem nostalgischen Sinn. Dazu geht es im vorderen Teil auch zu hektisch zu. Und trotzdem nimmt es einen in eine Art familiäre Intimität hinein, die auch nicht dadurch aufgehoben wird, dass man oft lange auf eine der reichlich beschäftigten, aber trotzdem freundlichen Bedienungen warten muss, bis man bestellen oder bezahlen kann. Das Stammpublikum weiß das – und trifft sich trotzdem dort und nicht im Schnell-Imbiss.

Da das Café früh öffnet, kann man dort auch ein komplettes Frühstück bestellen, was auch manche tun, oder mittags eine Suppe essen (die wahrscheinlich aus der Dose kommt).

Oder aber auch nur lange mit einer Tasse Kaffee oder »Kakao« dasitzen, eine Butterbrezel dazu, wie ich, wenn ich mich auf einem meiner Lieblingsplätze ganz hinten im Eck niederlasse und mein Notizblöckchen bereitlege – und weiß: Hier darf ich einfach sein, sitzen, gedankenverloren, hin und wieder ein Wort schreiben, sitzen, so lange ich will, ohne dass mich ungerufen jemand fragt, ob ich nicht doch noch etwas bestellen will. Oder einfach beobachten, Gesprächsfetzen aufschnappen von Leuten und Szenen, die in meinem sonstigen Leben nicht vorkommen.

So erscheint etwa gegen halb elf oft ein Männerquartett der etwas lauteren Art zum Frühschoppen. Gelichtetes Grauhaar, von der Gattin sauber gebügelte Hemden, die wohlgerundeten Bäuche selbstbewusst vor sich herschiebend, brauchen sie gar nicht erst bestellen. Vielmehr trägt die blonde, auch nicht mehr ganz junge, aber beliebte Bedienung alsbald zuerst ein Tablett mit vier Viertelesgläsern (woanders würde man das vielleicht »Schoppen« nennen) Rotwein her, gefolgt von den unvermeidlichen Butterbrezeln. Und höchst animiert erzählen sich die Herren nun die neuesten Schwänke aus ihrem Leben. Weinsorten, die man probiert hat, in welchen Landgaststätten es die größten und besten Rostbraten gibt, welchen Schulkameraden man getroffen hat und wie seine Frau aussah ... Aber die meisten Gespräche kreisen um den neuen »Mercedes«, den man bestellt hat oder bestellen will oder einfach gerne hätte, und es wird diskutiert, was die noblere Lackierung ist, »brillantsilber« oder »Champagner«, über PS und Ausstattung usw. Wobei das erste Viertele bald getrunken ist und das nächste per Augenzwinkern und Fingerzeichen bestellt.

Die Herren belagern munter die Mitte. Derweil wechseln die Freundinnentreffs auf den Bankseiten, sodass ich unentwegt zu gucken habe, obwohl ich eigentlich den Schreibtreff vorbereiten wollte, den ich zusammen mit zwei Freundinnen leite. Aber bekomme ich nicht gerade hier die besten Ideen für Schreibthemen unmittelbar geliefert, wie ich sie mir zu Hause gar nicht ausdenken könnte? Pulsiert nicht gerade hier ein Leben, eine Seele, so lebendig wie an keinem sich nobel und »cool« gebenden neuen Café, wo zudem unentwegt irgendwelche Musik läuft?

Die braucht es hier nicht. Die Menschen bringen hier ihre Eigenseelen mit, das ist die Seelenmusik, die diesen Ort unentwegt neu mit Resonanz auflädt.

Und so sehr ich die Einsamkeit an meinem »geheimen Seelenort« am Waldrand liebe, so wohl fühle ich mich von Zeit zu Zeit hier, mittendrin, wo mich statt Bäumerauschen unentwegtes Hin und Her, Stimmengewirr, Gelächter und Geschirrklappern umbrodelt und umbrödelt.

Der Platz

Sie können aber auch noch vor der Stadtmitte auf der Halbhöhe einen anregenden Ort finden, wenn Sie zugleich städtisches Flair und eine von freundlichem Menschenleben erfüllte Atmosphäre suchen.

Weil ja, wie ich schon sagte, diese Stadt zwischen Hügeln liegt, gibt es eben rundum viele Aussichtsplätze. Sie müssen gar nicht künstlich als solche angelegt sein, sondern ergeben sich teilweise einfach aus dem Straßen- und Wegeverlauf, etwa weil von dort eine der vielen »Staffeln«, also Steintreppen abkürzend hinunter in die Stadtmitte führen.

Ein solcher, sehr besonderer Platz, der sich bereits in meinem Stadtteil befindet, stimmt mich zuverlässig heiter. Wenn ich von uns aus mit dem Bus Richtung Mitte fahre, kann ich dort aussteigen – und dann bleibe ich unweigerlich an dieser besagten schönen Aussichtsstelle hängen, bevor ich die von oben kaum sichtbare, steile, breite, ausschwingende Treppe hinuntersteige. Falls es nicht bei der Absicht bleibt, weil ich zu lange verweile ...

Also schauen wir uns zunächst den Platz mit seiner ausladenden Terrasse an, der sich direkt von der Haltestelle von Bus und Straßenbahn weitet. Er ist um- und bestanden von alten Kastanienbäumen und seitlich hangabwärts begrenzt von einer Terrasse mit einer altertümlich anmutenden Balustrade. Dort kann man sich tatsächlich wie auf der noblen Aussichtsterrasse einer feudalen Villa fühlen, und wann immer das Wetter es zulässt, ist sie besetzt von jungen und nicht mehr ganz jungen Leuten, die sich dort treffen, und im Sommer unvermeidlich an Eistüten schlecken.

Denn – auch das eine Besonderheit – genau gegenüber befindet sich an einer Straßengabelung seit vielen, vielen Jahren ein für seine exquisite Auswahl und Qualität stadtbekanntes Eiscafé, vor dem sich sommers lange Schlangen geduldig Wartender bilden: Ein magischer Anziehungspunkt für alle Eisliebhaber, Jung und Alt, Familien, Liebespaare, Einzelgänger.

Wenn ich mich recht erinnere, fing das Café als winziges Unternehmen an – eher nur ein Kiosk, aber eben mit Eis von hervorragender Qualität und es ist schwer zu entscheiden, ob es diese war oder eher der charmante Platz, der die Menschen magnetisch anzog. Dadurch, dass dort mehrere Straßen zusammenkommen, bildet sich eine höchst seltsame Lagesituation, und im spitzen Winkel einer der Gabelungen findet sich ein architektonisch in der Stadt einzigartiges, die Fantasie belebendes Gründerzeithaus aus Backstein, das wie ein Schiffsbug in den Platz hineinragt. Unwillkürlich lässt man die Gedanken schweifen, fragt sich, wie die Räume darin beschaffen sein müssen und wer darin gewohnt haben könnte.

Wobei letzteres Rätsel zumindest teilweise als gelöst gelten kann, zumal vor dem Haus eine klassizistisch nachempfundene Säule mit ionischen Voluten als Denkmal installiert wurde: bekrönt von einem Mops ...

Ein *Mops* auf einer Säule! Kein Löwe, kein Adler, kein Heros – nein, ein Mops, bundesweit bekannt! Ahnen Sie was? Tatsächlich: das eigentümliche Gebäude war über einige Zeit von einer Familie bewohnt, der ein sehr eigenwilliger Sprössling entstammt, mit Namen Vicco von Bülow, besser bekannt unter dem seinem freigewählten Künstlernamen *Loriot.*

Ich will nun nicht behaupten, dass der Platz, den ich beschrieben habe, seine Seele einem Mops oder einem Pirol (Loriot) verdankt, denn ich kenne das Plätzchen schon wesentlich länger, als ich um die Bewohner des wie aus aller Zeit gefallen Hauses weiß. Vielmehr liebte ich die Stelle schon viel länger. Erstens der Lage wegen und zweitens, weil ich von dort mit ein paar Schritten »meinen« Galeristen in einem schönen alten Haus mit kleinem Park besuchen kann, und nicht zuletzt, weil die doppelläufige freitreppenartige »Staffel« hinab zunächst zu einem wunderbaren Brunnen führt: Bekrönt von einer klassizistischen Figur der schönen Nereide Galathea, gestiftet 1884 von der ebenso schönen und beliebten Königin Olga aus dem Geschlecht der Romanows. Und man kann dort für eine Weile all die schrecklichen Bausünden seit der Nachkriegszeit vergessen und sich in eine andere, langsamere, alter Seelenkraft bewusstere Zeit zurückversetzen. Die schwatzenden, lachenden, flirtenden jungen Leute oben auf der Balustrade, die der Schönen den Rücken zuwenden, stören dabei nicht im Geringsten, im Gegenteil: Auch sie nehmen sich hier Zeit und beleben und unterbrechen mit ihrer Anwesenheit die zwanghaft-seelenlose Mechanik der Alltagsrhythmen zugunsten eines Sich-hineinsinken-Lassens in eine zeitlose Atmosphäre, die sie aus diesem schönen und im besten Sinne eigen-artigen Ort heraus in Bann zieht. Zweifellos wirkt hier ein besonderer *»Genius Loci«,* der nicht nur ein Geist, sondern Seele des Orts ist. Ob's an Galathea, der schönen Meerestochter und die sich um sie rankenden Sagen oder an der Heiterkeit auslosenden Mopsstele, am köstlichen Eisgenuss oder am vielen Altgebliebenen um diesen Platz liegt, was alles zum Verweilen einlädt oder am Zusammenwirken von diesem allen – wer will's entscheiden? *Kommt's darauf an?*

Da hole ich mir lieber ein Eis (die Auswahl fällt schwer!), setze mich zu den anderen auf die Balustrade (jemand wird meinen nicht mehr ganz jungen Gebeinen freundlich hinaufhelfen) und lasse die Beine baumeln im Kastanienbaumschatten, und vergesse für eine Weile die Zeit ...

Das Antiquariat

Es gibt in meiner Stadt, die einst als »Stadt der Dichter und Denker« galt, drei altehrwürdige Antiquariate, von denen mir eines besonders die Seele erfreut. Und die liegt sogar noch in meinem Stadtbezirk.

Nur ein kurzes Stück bergab vom beschriebenen Zwischenplateau meines Lieblingsplatzes mit Mopssäule, Galathea und Eisdiele kommt man nämlich auf der linken Straßenseite zu einem der kriegsverschonten wunderbaren alten Häuser mit einer ungewöhnlichen Buchhandlung. Durchaus erkennbar an großen Schaufenstern und Glasvitrinen sieht man darin nicht die üblichen schreiend aufgemachten Bestsellerauslagen inmitten entsprechenden Dekors, sondern neben einigen aktuellen anspruchsvollen Titeln eine Sammlung an teilweise vergilbten Umschlägen als ziemlich »gestrig« erkennbare Bücher. Großformatige Bildbände neben unscheinbaren abgeblassten Leinenbänden mit dezenten Verfasser- und Titelaufdrucken, Einzelstücke von Klassikern, Hölderlin- oder Novalisbiographien von Autoren, von denen man nie gehört hat, ein Wiedersehen mit Büchern aus Großmutters Bibliothek, die man einst weggegeben hat, Seltenes, Teures, Erschwingliches, und zwischendrin wiederum Titel vom letzten Jahr, die aber nicht so recht in die Öffentlichkeit gefunden haben. Ein Büchermensch wie ich muss da stehen bleiben – und bleibt natürlich an irgendetwas hängen.

Aber wo ist der Eingang? Schließlich steht man ja vor einem eindeutig einst als Wohnhaus gedachten Altbau, an den die Glasvitrinen bei genauem Hinsehen auch nur vorgehängt, nicht eingelassen sind. Da: Unauffällig links führen ein paar Steintreppen zu einem kleinen Vorplatz, doch Vorsicht, bei schönem Wetter stehen auch die Treppen voll mit Kästen voller Bücher, bunt gemischt, Einheitspreise, im einen Kasten alles zu je drei Euro, im nächsten zu vier – das muss man doch zumindest schnell durchschauen, zwischen Hoffen und Bangen – was zu finden oder besser nichts zu finden – Sie kennen das. Jedenfalls ist da schnell ein Viertelstündchen verflogen, bis man buchstäblich die Kurve kriegt und die im rechten Winkel zum Vorplatz ins Innere hineinführenden Eingangstür öffnet – und gleich schon wieder stehen bleibt. Denn direkt vor sich sieht man sich an halbhohen Regalen an der dem Eingang zugewandten Seite einer Galerie von erlesenen farbigen Postkartenmotiven gegenüber, betörend schön fotografierten Kristallen, und als passionierte Briefschreiberin juckt es mich in den Fingern, mich sofort ausgiebig zu bedienen. Aber zum Glück schaue ich zuvor auf die Preise und lasse dann nur die Augen weiden. Doch schon bin ich tief eingetaucht in eine andere Welt.

Hier ist kein seelenentleerter Ort mit Massenware, keine weitläufige anonyme Kälte: Der eher schmale, hohe Raum rundum bis zur Decke voller Regale, eng bepackt, kein Zentimeter vergeudet, auch hinter der verführerischen Kleinbildergalerie das halbhohe Regal beidseitig bestückt und wieder Kästen, die zum Durchschauen und Zugreifen auffordern, aber ich kann schon nichts mehr detailliert aufnehmen, schaue nach vorn zur Kassentheke, von wo mir die freundlich zugewandte Eignersfrau entgegenkommt und fragt, ob sie helfen kann, und ich gestehe, dass ich einfach eine Weile hier sein möchte, mich umsehen – was mit lächelndem Verständnis quittiert wird.

So bewege ich mich hin und her, vor und zurück im Labyrinth mit seinen vielen Nischen voller Schätze: Eine Wunderkammer, ja, eine verführerische Wunderkammer!

Lange verweile ich am Kinderbuchregal, sehe ein Bilderbuch, in das ich schon lange einmal hineinschauen möchte, nehme es mit durch einen Durchgang in den nächsten, nahezu wohnlich eingerichteten Raum, wo ich einen einladenden alten Lesesessel weiß, und lasse mich nieder. Hinter einem seitlichen Türvorhang, durch die gerade ein großgewachsener, freundlicher junger Mann kommt, vermute ich eine weitere Schatzkammer. Aber mein Blick fällt jetzt in der überwältigenden Fülle auf einen längst vergriffenen Buchschatz, dessen Verfasser und Titel mir bei meiner derzeitigen Arbeit immer wieder begegnet, und so lasse ich mir gern auch dieses Buch heraushoIen, während der junge Mann mir versichert, jederzeit erreichbar zu sein.

Aus Erfahrung weiß ich jedoch, dass ich mich unter solchen Umständen kaum auf einen etwas fremdartigen Schreibstil konzentrieren kann, und so blättere ich ein wenig nach Bildern und lege die Rarität dann in den Schoß. Wohlwissend, dass ich diesem Sog nicht entrinnen werde. Ich lasse mich treiben, in dieser dichten, freundlichen Atmosphäre und will nicht auf die Uhr schauen.

Doch gegenüber der Verkaufstheke (auch sie natürlich über und über mit seltenen bis wunderlichen Titeln beladen, denn hier, unweit der ersten Walddorfschule, weht spürbar auch der Geist Rudolf Steiners) lockt noch eine steile Wendeltreppe, die in noch andere Bereiche dieser Märchenwelt führt – für mich das eigentliche Ziel meines Besuchs. So raffe ich mich schließlich auf, hinterlege den Buchschatz an der Kasse und bewege mich Schritt für Schritt aufwärts, immer rundum schauend, denn es gibt auch von hier aus viel zu sehen, zum Antiquariat.

Ehrlich gesagt, ich glaube nicht, dass ich diese besondere Welt auch nur annähernd beschreiben kann. Man muss das gesehen, erlebt, ja zuinnerst »erlitten« haben, denn es ist eine einzige Überwältigung.

Raum um Raum (ursprünglich ja bürgerliche Wohnräume!) vollgestopft von unten bis oben, von rechts nach links und noch dazwischen. Stellenweise muss man fast Wege suchen muss, um an was hinzukommen, denn auch auf dem Boden stapeln sich die Schätze.

Man möchte sich nur noch niedersetzen und nie mehr auf die Uhr schauen müssen, alle Hauff'schen Gesamtausgaben zwischen 1832 und 1900, Novalis gesammelte Werke in vier Bänden durchblättern, alle die Inselbändchen mit den schönen, marmorierten Buchdeckeln sichten, die alten Bücher wie Reliquien zu Stirn (und vor allem Nase) führen, aber ein Mensch wie ich stürzt da nach kürzester Zeit in eine Art Sinnes- und Geistesverwirrung. Es ist, als würden mir aus jedem Buch, das ich in die Hand nehme, die Seelen und Geister der Reihe ihrer Verfasser und Vorbesitzer entgegenflüstern und mir ihre Geschichte erzählen wollen. Nicht, dass ich die etwa nicht hören wollte – aber es ist zu viel, einfach zu viel. Und wenn dann noch der Herr dieses Reiches, ein Büchermensch von Kopf bis Fuß, grauhaarig, schmal, ernst, freundlich konzentriert aus einer hinteren Schatzkammer auftaucht, die Beeindruckung sieht und dennoch auffordert, doch auch noch die nebenan liegenden Räume zu besuchen, merke ich, dass ich hier auf meinem Sessel bleiben muss und eintauchen in das, wonach meine Hand wie von fremder Kraft gesteuert, eben gegriffen hat. Und bleibe sitzen. Tauche erst wieder auf, als (wann?) die Buchhändlersfrau vorbeikommt und lacht: »Ja, Sie sind ja immer noch da ...«.

Ja, wie hätte ich denn früher wegkommen sollen? Aus dieser Fülle? Denn wenn es einen Ort gibt, an dem die Seelen der Ahnen versammelt sind und mit uns Heutigen ins Gespräch kommen können, dann ist es dieser. Ein tief beseelter Ort, Heimat für jeden, der noch ein Gespür hat für die Würde und Vielfalt menschlicher Fabulierungs- und Bewusstseinententfaltung und die tiefen Verbundenheiten, die wir zu verlieren im Begriff sind. Und die mich jetzt ergriffen hat, sodass ich Novalis' seelenverwandte Philosophie in einer alten vierbändigen Gesamtausgabe nicht zurücklassen kann, auch wenn ich nicht weiß, ob ich je noch Zeit haben werde, mich zu vertiefen.

Der Antiquar schaut mich von der Seite her an und setzt den Preis für mich nochmal herunter ... Ich bin verführt. Irgendwo werde ich zu Hause schon noch ein Plätzchen dafür finden und doch eine stille Stunde.

Doch jetzt schnell weg, draußen ist es schon dunkel. Ich sammle meine vier raren Insel-Geschenkbüchlein zusammen, nehme sie mit hinunter zur Kasse, wo ja auch schon etwas auf mich wartet, vermeide ängstlich jeden weiteren Blick nach rechts und links und verschwinde so schnell wie möglich aus dem Bann der Wunderkammer – bis zum nächsten Mal ...

Noch eine Wunderkammer

Wenn ich heute ein »professionell« und »dem Zeitgeist entsprechend« gestaltetes Museum betrete, kühl und sparsam bestückt und dominiert von sterilen Ordnungen, ermüdenden Texttafeln, womöglich »interaktiven« Monitoren und sonstigem technischen Spielkram, muss mein sachliches Interesse schon sehr groß sein, damit ich nicht auf dem Absatz kehrt mache und schnellstens wieder hinauszukommen strebe.

Aber es gibt Gott sei Dank immer noch Ausnahmen. Bei unseren ausgedehnten Reisen durch Frankreich etwa begegneten wir besonders in südlichen Kleinstädten immer wieder Schatzkammern, meist reine Naturalienkabinette, in denen die Kleinode dicht bei dicht in Vitrinen zu bewundern waren und gerade weil sie ihrer Überfülle wegen sich letztlich jedem »wissenschaftlich« klassifizierenden Systematisierung entzogen, eine besondere Magie ausstrahlten. Unweigerlich geriet man, nach einem Moment des Erschreckens vor der überwältigenden Fülle, in ihren Bann und konnte sich kaum mehr losreißen.

Zweifellos: Sie sind die echten Wunderkammern! Als solche bezeichnete man seit der Mitte des 16. Jahrhunderts Sammlungen, in denen (meist vermögende) Menschen mit Sinn für das Besondere, auf Reisen entdeckte fremdartige, fragmentarische Fundstücke aus der lokalen Vergangenheit oder auch Besonderheiten aus der Natur zusammentrugen, ob aus fernen Ländern oder der unmittelbaren Umgebung. Da diese Raritätenkabinette geprägt waren vom *persönlichen* Engagement der Sammler, ihren bewusst oder unbewusst aus innerem Antrieb motivierten Anliegen und Vorlieben, entstanden so (abgesehen von berühmten Kunstkabinetten der Adelsschicht) oft seelisch hochaufgeladene, im Wortsinn eigen-artige kleinere Museen, die leider immer seltener werden, mich aber immer besonders anrühren.

Auch in dem Athener Vorort, wo meine Schwester lebt, existierte bis vor wenigen Jahren in einer kleinen alten Villa noch solch ein durch große finanzielle Opfer am Leben gehaltenes Museum einer Botanikerin, welche dort in jahrelanger Arbeit gesammelte seltene Beispiele der griechischen Fauna zusammengetragen hatte. Ich habe von dort noch heute wunderbare Abbildungen seltener, oft ganz unscheinbarer Pflänzlein, die ich nur wenigen, die dafür Blick und Sinn haben, verehre. Und immer, wenn ich eine solche Karte verschicke, erfasst mich eine gewisse Wehmut bei der Erinnerung an die intime, liebevolle Atmosphäre in den schönen Räumen, in denen man in die seelisch lebendige Verbundenheit der Sammlerin mit all den zarten Wundern hineingenommen wurde, zumal es, wenn ich mich recht erinnere, auch noch einen Raum mit Schnecken- und Muschelgehäusen gab, deren vielfältigem, wunderbaren Zauber sich ganz bestimmt kein Kind wie ich entziehen kann.

Gerade in privat initiierten und geführten Museen gibt es also noch immer Ausnahmen, und eine davon befindet sich nicht einmal weit von hier in einer aus vielen Gründen bemerkenswerten Kleinstadt mitten im sogenannten »Schwäbischen Wald«. Bemerkenswert ist das Städtchen nicht nur durch die umgebende natürliche Vielfalt, die sie schon vor zwei Jahrhunderten für hiesige Großstädter als Luftkurort attraktiv machte, sondern auch durch eine vielfältige Geschichte, in der sich Römisches (es gab dort ein römisches Kastell), benediktinische Klostergründung und staufische Tradition begegnen.

Nicht zu vergessen war Jahrhunderte später, in der inzwischen protestantistisch vereinnahmten Prälatur zeitweise ein »Hotspot« eines philosophisch-theologischen Geistesadels, in dem die Namen Schelling (sen. und jun.), Hölderlin und Friedrich Daniel Oetingers, des »Magus des Südens« nicht fehlen. Und zu allem kommen noch Namen aus der Kunstszene des 20. Jahrhunderts, die weit über die Landesgrenzen glänzten.

Für uns und unsere Kinder standen jedoch zunächst einmal Ausflüge zum umgebenden Limes mit einem wiedererstellten Wachtturm und Besuche des Museums im Vordergrund, vor allem wegen seines sagenhaften »Naturkabinetts«: Wer einmal hineingeraten ist, kann sich (und die Kinder) nur schwer aus seinem Sog befreien, denn man spürt hier ein emotionales Engagement, wie es nur ein *privat* initiiertes, durch eine ansässige Familie immerzu erweitertes, mit großer Liebe gepflegtes Museum haben kann, das durch die Vielheit des Ausstellungsraritäten zu einer wahren Wunderkammer wurde. Schwer, dessen Magie zu beschreiben. Doch ich will es versuchen.

Und um einen kleinen Eindruck seiner Pracht zu geben, der köstlichen Vielfalt der Zusammenstellungen, fange ich dort an, wohin es einst unsere Kinder zuallererst zog und wo wohl auch gewissermaßen die »Keimzelle« des inzwischen zu beachtlicher Größe und Bedeutung gekommenen Gesamtkunstwerkes liegt: Die atemberaubenden handwerklich staunenswert realistischen Naturpanoramen, die den mittleren Raum umgeben, und in denen kein Tier der Gegend fehlt und wie in lebendiger Aktion präsent ist.

Dieses Panorama ist in meinen Augen geradezu ein Bekenntnis zur Natur als einen Kosmos, in den wir alle eingetaucht sind. Natürliche Vielgestaltigkeit der Welt als kosmisches Zusammenspiel, in dem unser ganzer Menschleinbetrieb gründet, Lebensgrundlage für alle Kultur. Die Details sind mit solcher Sorgfalt, ja Andacht gestaltet, dass jeder Winkel, aus dem ein Tier lugt, heimliche Erwartung weckt, jetzt gleich auch noch ein Mysterium wie das Kind in der Krippe zu entdecken, von Ochs noch Esel betreut. Jedes Nest mit Jungen weckt in der Seele eine Ahnung dieses Geheimnisses, jeder Vogel auf seinem Ast wird zum Engel. Ja, hier wird erzählt, findet Welterschaffung statt!

Immerwährende Welterschaffung, die nie endet, und die ihre Grundlage hat in hingebungsvoller Beobachtungs- und Gestaltungsfreude, Fantasie, wissenschaftlicher Kompetenz und Präparatorenkunst, der das Museum einst seine Entstehung verdankte, und die uns quasi »infiziert« mit dem untergründigen Wissen: Genau darin liegt das große Geheimnis fortwährender neuer Welterschaffung: Dass alles vom GANZEN gedacht werden muss.

Und das äußert sich hier in dem Bedürfnis, in dieser »Wunderkammer« auch alles Menschheitsgeschichtliche, was je diesen Ort berührt hat, zu versammeln.

Nicht säuberlich historische Folgerichtigkeit gibt hier den Ton an – vielmehr entsteht durch das stete Hinzukommen neuer Funde, so heterogen sie auf den ersten Blick erscheinen mögen, eine Art seelischer Gleichzeitigkeit alles Gefundenen, Geschehenen, Imaginierten, so, wie in den Seelentiefen eines jeden Einzelnen Menschen alles versammelt ist, was seine Herkunft und Ahnenschaft je berührt hat.

Dem wissenschaftlich-akademisch fixierten Betrachter mag diese Buntheit fast ärgerlich erscheinen. Doch sie bewirkt eine atmosphärische Dichte, die gemüthaft ergreift und etwas vermittelt von der staunenswerten Verbundenheit des scheinbar nicht Zusammengehörigen. Und so – ähnlich wie die Wunderkammern seit dem 16. Jahrhundert – eine Ahnung davon hervorruft, dass alles in der Welt, das Natürliche und das Künstliche, das exotisch Erscheinende und das Alltägliche, das »Höhere« und das Einfache, Kirchliche und Profane in einen übergeordneten, ja geradezu kosmischen Gesamtzusammenhang hineinverwoben ist.

Unmöglich, die Eindrücke in Kürze zusammenzufassen, zumal das Städtchen, wie schon gesagt, geprägt war von Epochen römischer Kolonisierung, benediktinisch-klösterlicher Hochkultur und mächtigen staufischen Einflüssen. Bis zur Reformation durch das Klosterleben durchaus einflussreich, späterhin eher kleinstädtisch verblassend, aber immerhin zuweilen bedeutende Geister wie Vater und Sohn Schelling aufblitzen lassend und den bis heute kaum gewürdigten Universalgelehrten Friedrich Daniel Oetinger, wurde es zunehmend zum Erholungsort für zivilisationsmüde Großstädter. Durch einige zu Ruhm gekommene Künstler wie Heinrich von Zügel und Reinhold Nägele und dessen auch politisch nicht uninteressante Vorfahren leuchten immer wieder andere, auch politisch interessante Facetten auf, die aber in anderen musealen Stätten Heimat gefunden haben und hier, in der Wunderkammer kaum eine Rolle spielen. Denn auch so schon bietet sich dem Besucher ein sinnverwirrender Kleinkosmos dar, den man *gesehen, erlebt* haben muss, um sich ein Bild der uferlos erweiterbaren Bezüge zu machen, das hier angeregt wird nach allen Regeln der seelisch packenden Wunderkammerkunst.

Geht selbst und seht!

Es ist ein Ort mit Herz und Seele, der seinesgleichen nicht hat und dessen Initiatoren, die diese Wunderwelt immerzu auch mit spielerisch anmutenden Methoden erweitern (wobei schon das Bewahren eine Lebensaufgabe ist), sich einen vieldimensionalen Horizont in alle Tiefen und Höhen erarbeitet und »er-funden« haben, fast jederzeit zu ausführlich erklärenden Gesprächen bereit sind.

Und es ist ein Ort, in dem ich etwas wiederfinde, was auch mir mein Haus beseelt und belebt: Alles, was sich hier versammelt, hat einen Bezug zu dem, was sich in meinem Inneren als zu mir gehörig versammelt hat und mich begleitet, so wie mich meine »Seelengesellschaft« am oberen Rand meines Schreibtischs begleitet und inspiriert hat: Ich danke ihnen allen, den kleinen Schätzen. Einem Außenstehenden mögen sie »zu-fällig« und ohne rechten Bezug erscheinen – mir sind sie bedeutungsvolle Zeugen meiner inneren und äußeren Welt als Wunderkammer.

Epilog:

Die schöpferische Seele

Manchem mögen meine Betrachtungen zu gefühlsbetont und ohne Anker in einem »sachlichen« Weltbezug vorgekommen sein. Aber es ist halt so eine Sache mit den »Sachen«, lat. *res,* wovon unser Begriff von »Realität« abgeleitet ist. Woher haben wir denn das *Wissen* darüber?

Wissen, wird mir sofort geantwortet, stammt aus unserem Bewusstsein, (verstanden als Verstand), unserem Hirn, unserer Gescheitheit, das beweist alle Wissenschaft. Wir sehen, beobachten, prüfen, erfassen, stellen fest, messen, kategorisieren, katalogisieren, erfinden neue Instrumente um noch feiner messen und feststellen zu können. Fest-stellen, be-greifen, Begriffe bilden. Was soll denn damit so etwas Ungreifbares wie »Seele« zu tun haben? Kein Anatom hat sie je gefunden, genauso wenig wie die Astronauten »Gott« im Weltall.

Doch auf rätselhafte Weise scheinen die beiden verbunden, auch wenn man andere Namen dafür verwenden kann. Wie kann das sein?

Bei all unserer »Wissens«-Besessenheit vergessen wir, dass die Seele viel älter ist als unser Bewusstsein. Sie ist vielmehr der umfassende Ursprung in den schöpferischen Tiefengründen der Weltwerdung und unserer Erzählung davon und nicht vom bewussten Wissen abhängig, sondern es ist genau umgekehrt: Alles, was wir wissen, ist von einer erzählenden, fabulierenden seelischen Dynamik gefärbt, einem interaktiven seelischen Resonanzfeld, über das wir kaum etwas »wissen« können im üblichen Sinn, denn es geht dem Bewusstsein und jeder Verstandestätigkeit voraus. Und das heißt auch: Was wir »Seele« nennen, spielt in alles, *wie* und *was* wir wissen und tun, hinein.

Sehen Sie, was das bedeutet? Zum einen dies: *Über* die Welt, die Sachen, ja, auch *über* die Seele, können wir *gar nichts* wissen, sondern nur *durch die Seele hindurch.*

Und deren Quelle zeitigt unsere Gefühlszustände, kollektive und individuelle, unsere Ahnungen, Intuitionen, ja, auch Ängste. Dorther kommt alles, was belebt, kommt das sich manifestierende Leben selbst.

Wir können die Quelle zuschütten mit unserem angeblichen »exakten« Besserwissen und Macherbetrieb. Aber damit überlagern und blockieren wir auch alles natürliche Leben und es bricht an unvorhersehbaren Stellen in gewandelter, gewaltsamer Form hervor: *in* uns und *außer* uns, denn unser unentwegt fabulierendes seelisches Leben bedingt *alles* in der Welt.

Das ist es, was wir *wissen* sollten!

Und vor allem auch das andere: Die Seele ist schöpferisch!

Die »Schöpfung«, wie sie uns in den Genesis-Erzählungen der Bibel beschrieben ist, ist nicht beendet, sondern dem Menschen ist seine intelligente, und das heißt im echten Wortsinn seiner Sinn- und Zusammenhänge erkennende Seele gegeben, dass er sie weiterführt!

Das heißt nicht nur, dass der Mensch in seinen »kreativen« Werken etwas Neues in der Welt zurücklässt, das verändernd wirken kann.

Sondern im Grunde lässt er allaugenblicklich in der Art, wie er mit der Welt umgeht, etwas zurück, kann Resonanzfelder in seinem Einflussbereich verändern, er kann etwas beschädigen, verhindern oder beleben: Ob es die Seele eines *Orts* ist, an dem er wirkt und ihn gemütsanregend gestaltet, ob es ein *Ding* ist, das er durch die Art, wie er damit umgeht, aufwertet, eine *Sache*, die durch seine Zuwendung Bedeutung erlangt, eine *Pflanze*, ein *Tier*, die durch sein Anschauen und seine Beziehung aufleben, ein *Mensch*, in dem schlummernde Fähigkeiten dadurch geweckt und zum Keimen und Wachsen gebracht werden usw.

Es spielt keine Rolle, ob jemand »an Gott glaubt« oder nicht. Seine Seele, aus welchen Weltschöpfungstiefen auch immer sie ihm gegeben ist und in ihm wirkt, ist schöpferisch und kann verwandeln. Im positiven Fall lässt sie Beziehungen keimen und wachsen, deckt Bedeutungen auf, sodass sie noch über sein Verschwinden hinaus fruchtbar werden können. Sie macht sie für andere spürbar in atmosphärischen Feldern, in denen alles zu seinem Eigenleben ermutigt und befreit wird und in denen auch andere sich wohlfühlen und das Bedürfnis haben, dieses Wohlgefühl zu erhalten und weiterzugeben.

Ich habe Beispiele aufgezeigt: Ein Tier fühlt sich angezogen oder abgestoßen, je nachdem, wie ich mich seelisch darauf einlasse. Ein Ort zieht an oder stößt ab, je nachdem, wie er seelisch gepflegt und befreit wird. Gewiss gibt es alte, heilige Kultorte, die noch heute eine besondere Verdichtung spüren lassen. Aber auch ein lange verwahrloster Ort kann »Heiligkeit« bekommen, wenn meine Seele seine ursprüngliche Würde erspürt und sie ihm durch sorgfältige Zuwendung zurückgibt.

Alles, was seelisch berührt wird, kann sich verwandeln, und das wird dann auch für andere spürbar und wirkt weiter. Insofern ist es geradezu Aufgabe des Menschen, auf einfühlsame, intelligente Weise durch seine erkennende und fühlende Seele »Gottes Schöpfungswerk« fortzusetzen, gleichgültig, ob dieser in seiner Sicht »tot« ist (Nietzsche), gleichgültig welchen Namen ihm seine Kultur gegeben hat: Es ist die menschliche Seele, in deren Verantwortung das Zukünftige liegt.

Und somit sehen wir: Was immer der Mensch auch tut und vor allem, in welcher seelischen Haltung und Beziehung zur Seele der Welt in allem – er wird zum *»Ausgangspunkt weiterer Schöpfung und erneuerbarer Vermächtnisse«.* (Peter Sloterdijk, Nach Gott, S. 25)

Weiterführende Literatur

Coccia, Emanuele: Die Wurzeln der Welt. Eine Philosophie der Pflanzen, München 2018.

Handke, Peter: Vor der Baumschattenwand nachts. Zeichen und Anflüge von der Peripherie 2007–2015, Berlin 2018.

Hawken, Paul: Der Zauber von Findhorn, Hamburg 1996.

Hillman, James/Ventura, Michael: Hundertjahre Psychotherapie und der Welt geht's immer schlechter, Olten 1992.

Ingensiep, Hans Werner: Geschichte der Pflanzenseele. Philosophische und biologische Entwürfe von der Antike bis zur Gegenwart, Stuttgart 2001.

Jung, C. G.: GW 14/III, Olten 1990.

Sheldrake, Matthew / Fox, Rupert: Die Seele ist ein Feld. Der Dialog zwischen Wissenschaft und Spiritualität, Bern – München – Wien 1998.

Sloterdijk, Peter: Nach Gott: Glaubens- und Unglaubensversuche, Berlin 2017.

Tompkins, Peter / Bird, Christopher: Das geheime Leben der Pflanzen, Hamburg 2018.

Pamuk, Erhan: Die Koffer meines Vaters, München 2010, S. 95ff.

Von Rad, Gerhard: Weisheit in Israel: Mit einem Anhang neu hrsg. Von Bernd Janowski, Göttingen 2013.

Wilson, Edward O.: Biophilia. The human bond with other species, Boston 1983.

Über die Autorin

Brigitte Romankiewicz (1945–2024) studierte Kunst, Deutsch und Religion für das Lehramt und war 20 Jahre als Lehrerin tätig. Weitere intensive Studien auf dem Gebiet der Religions- und Kulturgeschichte und der Psychologie führten sie zur Bildsprache des Symbolischen. Sie war viele Jahre Dozentin am C. G.-Jung-Institut in Stuttgart.